भँवर भावनाओं का

भँवर भावनाओं का

आलोक मिचयारी

ज्ञान गंगा, दिल्ली

प्रकाशक : ज्ञान गंगा, 2/42, अंसारी रोड, दरियागंज, नई दिल्ली–110002
सर्वाधिकार : सुरक्षित / संस्करण : प्रथम, 2022 / मूल्य : दो सौ रुपए
मुद्रक : आर–टेक ऑफसेट प्रिंटर्स, दिल्ली ISBN 978-93-93111-35-7

BHANWAR BHAVNAON KA *poems* by Shri Aloke Michyari ₹ 200.00
Published by **GYAN GANGA**
2/42, Ansari Road, Daryaganj, New Delhi-110002

डॉ. अनीता गोपा (मेरी धर्मपत्नी)

अभिषेक (हमारा सुपुत्र) और **आकांक्षा** (हगारी सुपुत्री)

को मेरा हृदय से आभार।

उनके निरंतर सहयोग, अदृश्य प्रेरणा और असीम धैर्य के बिना

यह पुस्तक कभी प्रकाशित नहीं हो पाती।

उन पर ईश्वर की कृपा सदैव बनी रहे।

मेरे माता-पिता को समर्पित

हमारे नायक, हमारे नाविक, हमारे निर्देशक आप थे;
जीवन की कश्ती के माँझी, मार्गदर्शक आप थे।

याद है हमें बचपन में घर से बाहर निकलना;
और पकड़ उँगली आपकी सड़क पर बे-डर चलना।
परेशानी में—क्या छोटी, क्या बड़ी,
हमारे रक्षक आप थे।
हमारे नायक, हमारे नाविक, हमारे निर्देशक आप थे॥

पढ़ने व बढ़ने में हमारे आपने दिया बहुत ध्यान;
डरकर सदा ईश्वर से अपने—किया सबका सम्मान।
प्यार और दुलार से भरे हमारे संरक्षक आप थे।
हमारे नायक, हमारे नाविक, हमारे निर्देशक आप थे॥

रखेंगे याद सदा हम सब आपके अद्भुत प्यार को;
दुःख है कुछ जल्दी ही, जब आप छोड़ गए संसार को।
हम सबकी पढ़ाई व प्रगति के निजी निरीक्षक आप थे।
हमारे नायक, हमारे नाविक, हमारे निर्देशक आप थे॥

छोड़कर राँची शहर अपना;
अब हम दूर बसे हैं दिल्ली में।
पूरा करने आपका हर सपना;
आपकी छवि बसाए दिल ही में।
हर कदम, हर काम में मार्गदर्शक आप थे;
हमारे नायक, हमारे नाविक, हमारे निर्देशक आप थे॥

आप हैं स्वर्गलोक में सर्वशक्तिमान के पास;
देते हैं सदा आशीष हमें इस बात का है विश्वास।
रहकर दूर भी निरंतर हमारे पर्यवेक्षक आप हैं।
हमारे नायक, हमारे नाविक, हमारे निर्देशक आप हैं;
जीवन की कश्ती के माँझी, मार्गदर्शक आप हैं॥

पूर्वकथन

कविताओं की इस पुस्तक 'भँवर भावनाओं का' के रचनाकार आलोक मिचयारी से आपका परिचय कराते हुए मुझे अत्यधिक प्रसन्नता हो रही है, जो मेरे एक अच्छे मित्र, विश्वासपात्र सहकर्मी, प्रिय व्यक्ति और आपके लिए एक भावुक कवि हैं।

आलोक को मैं सत्तर के दशक की शुरुआत से जानता हूँ, जब उनकी माँ (स्वर्गीया श्रीमती रोजलिन ग्रेस मिचयारी) और मेरी माँ (स्वर्गीया श्रीमती डेलफीन शेफाली अग्रवाल) चाईबासा में, जो अब झारखंड में है, एक ही समय पर क्रमशः गवमेंट गर्ल्स हाई स्कूल और एस.पी.जी. मिशन गर्ल्स हाई स्कूल की प्रिंसिपल थीं।

चाईबासा में हमारी शुरुआती मुलाकातों के बाद, आलोक और मैं अपने-अपने कॉलेज में चल रहे एस.सी.एम. (स्टूडेंट्स क्रिश्चियन मूवमेंट) के दिनों में, एस.सी.एम. और आगे चलकर वाई.एम.सी.ए. के जरिए युवाओं की कई तरह की गतिविधियों में हिस्सा लेने के दौरान एक-दूसरे के करीब आए।

भले ही मैंने कुछ कहा न हो, फिर भी मैं हमेशा से आलोक के बहुमुखी कौशल की प्रशंसा करता था, जिनमें संवाद, लेखन, पी.आर. और चर्च/संस्थानिक संबंधों आदि को विनम्रता के साथ बनाना और सहेजना शामिल था।

आलोक ने इंडियन ओवरसीज बैंक (आई.ओ.बी.) में प्रबंधक के पद पर 27 वर्षों तक काम किया।

हालाँकि, उसकी कवित्व क्षमता तब और निखर कर सामने आई और उसे मैंने पहचाना, जब आलोक ने आई.ओ.बी. से अपनी स्वैच्छिक

सेवानिवृत्ति के बाद अप्रैल 2002 में पी.आर.ओ. और संचार अधिकारी के रूप में कासा (सामाजिक कार्य के लिए चर्च की सहायक) के साथ काम करना शुरू किया।

उसकी लिखी लगभग सभी कविताएँ वास्तविक जीवन की घटनाओं से प्रेरित हैं, जिन्हें उसने देखा और लंबे समय तक स्वयं महसूस किया।

उसकी कविताएँ बेहद सरल भाषा (विभिन्न वर्गों के अंतर्गत) में काफी प्रभावी, भावनात्मक और संवेदनशील रूप से खुशी एवं दर्द की उसकी भावनाओं को व्यक्त करती हैं, जिनके पीछे उसके व्यक्तिगत जीवन की कुछ घटनाओं के साथ ही हमारे समाज के विभिन्न सामाजिक, प्राकृतिक और राजनीतिक परिदृश्य हैं।

आलोक की कविताओं की पुस्तक 'भँवर भावनाओं का' को मैं विचारों को व्यक्त करने में कुशल और बेहद दिलचस्प मानता हूँ।

मेरी आशीष और शुभकामनाएँ हमेशा उसके साथ हैं।

—डॉ. सुशांत अग्रवाल
निदेशक, सी.ए.एस.ए.

Girish Chandra Murmu

भारत के नियंत्रक एवं महालेखापरीक्षक
COMPTROLLER & AUDITOR GENRAL OF INDIA

संदेश

श्री आलोक मिचयारी द्वारा रचित 'भँवर भावनाओं का' महज एक काव्य-संकलन ही नहीं है बल्कि अपनी उपलब्धियों के जाल में न उलझते हुए भी कैसे अपने संस्कारों को सहेजा जा सकता है, इसका एक उदाहरण प्रस्तुत करता है। कवि ने अपने माता-पिता तथा श्रेष्ठजनों के प्रति सम्मान के भाव एवं समाज के विभिन्न पहलुओं का जिस भावनात्मक रूप से चित्रण किया है, वह अत्यंत प्रशंसनीय है। यह अत्यंत हर्ष का विषय है कि इन कविताओं का प्रकाशन भी किया जा रहा है। मुझे उम्मीद है कि ये कविताएँ पाठकों को भी बहुत पसंद आएँगी।

इस अवसर पर श्री मिचयारी को बहुत सारी शुभकामनाएँ! आशा करता हूँ कि आप इसी प्रकार कविताओं के माध्यम से सभी को प्रेरित करते रहेंगे।

18 अक्तूबर, 2021

—गिरीश चंद्र मुर्मु

9, Deendayal Upadhyaya Marg, New Delhi-110124
Tel. No. +91 11 23235797 • Fax +91 11 23233618 • e-mail : cog@cog.gov.in

भारत का राजदूत
एथेंस
AMBASSADOR OF INDIA
ATHENS

Message on the launch of Book 'Bhanvar Bhavnaao Ka' written by Shri Aloke Michyari

I have known Shri Aloke Michyari since quite some time now, but more closely in the last three years. One of the facets that has impressed me about him is his sensitivity to nature and life experiences in the way time moves forward. This, combined with his good mastery over the Hindi language, gifts him with writing good poetry based on such experiences and observations. I am glad that he has taken this as a hobby/ passion and, have come to learn, that, since his youth he has been expressing his observations and experiences through rich poetry.

For our benefit and enjoyment, the poetry written over the years are now compiled in a book from which is going to be released soon under the title 'Bhanvar Bhavnaao Ka'. I was provileged to listen to a glimpse of sample. It is written in great style with wonderful choice of words, expressing fully the sentiments aimed to be conveyed. I am confident that the readers and listeners to the wonderful poems of Shri Aloke Michyari will find it equally absorbing and mesmerizing. I wish the book launch full success and may Shri Michyari continue to write such wonderful poems again and again in the future.

—Amrit Lugun
Ambassador

Address : No. 3, Kleanthous Street, Athens 10674 (Greece)
Website : www.indiaingreece.gov.in E-mail : amb.athens@mea.gov.in
Tel : +30-210-721 6481 / 721 6481 Fax : +30-210-721 1252
IndiaInGreeceOfficial @EmbIndiaAthens

प्रवीण होरो सिंह
अपर महानिदेशक
Pravin Horo Singh
Addi. Director Genral

भारत सरकार
सांख्यिकी एवं कार्यक्रम कार्यान्वयन मंत्रालय
GOVERNMENT OF INDIA
Ministry of Statistics & Programme Implementation

दिनांक 20.10.2021

आलोक मिचयारी द्वारा रचित 'भँवर भावनाओं का' काव्य-संग्रह प्रकाशित होने जा रहा है। इस कविता के संस्करण पर दो शब्द लिखते समय समझ नहीं आ रहा है कि क्या लिखूँ···इस अवसर पर अपनी प्रसन्नता व्यक्त करते हुए इतना ही कहना चाहूँगी कि आलोकजी ने अपनी कविताओं में उन्हीं भावों का समावेश किया है, जो हमारे आस पास घट रहे हैं या यों कहें कि जीवन के अनगिनत रंगों को शब्दों में समेटने का सफल प्रयास किया है।

ताजगी, गहराई, विविधता, भावनाओं की ईमानदारी तथा नित-नए भावों की तलाश उनके इस कविता-संग्रह में विद्यमान हैं। आलोकजी एक ऊँची सोच रखनेवाले व्यक्ति हैं और यही सोच उनके कविता-संग्रह में झलकती है।

इस कविता-संग्रह के लेखक आलोकजी को मैं हृदय से बधाई देती हूँ। मुझे आशा ही नहीं, पूर्ण विश्वास भी है कि आलोकजी भविष्य में भी ऐसी सुंदर कविताओं के लेखन के प्रति अग्रसर रहेंगे। मेरी शुभकामनाएँ सदैव आपके साथ हैं।

आपकी शुभचिंतक

—प्रवीण सिंह होरो

मेरे कवि मन की बात

न मैं लेखक हूँ, न ही कोई कवि। और मुझे लगता है कि मैंने कविताएँ नहीं रची हैं; बल्कि, कविताओं ने मुझे रचा है।

आसपास की विभिन्न घटनाक्रमों, मुद्दों एवं व्यक्तियों से भी आनंदित, द्रवित या फिर प्रेरित होकर, अपने मन की भावनाओं को उभारने और शब्दों में पिरोने का मेरा यह एक विनम्र प्रयास है।

विषयों की विविधता (व्यक्तिगत, सामाजिक, प्रासंगिक, भक्तिपूर्ण एवं भावभीनी) होने के बावजूद भी मेरे कोमल मन की प्रसन्नता, पीड़ा, भय एवं भावुकता, मेरी कविताओं में अधिकांश, शायद साफ झलकती हैं। साथ ही, बहुत ही नम्रतापूर्वक मैं स्वीकार करता हूँ कि अपनी कविताओं में आवश्यकतानुसार हिंदी, उर्दू और हिंदुस्तानी, भाषाओं के शब्दों का मैंने प्रयोग किया है।

यह परमेश्वर की कृपा और मेरा सौभाग्य है कि विगत बीस वर्षों के दौरान लिखी गईं अपने मन की इन्हीं भावनाओं, विचारधाराओं एवं चिंताओं का, अंतत: संकलन कर, आप सबकी प्रार्थना, शुभकामना तथा आशीर्वाद से अपनी कविताओं का ग्रंथ 'भँवर भावनाओं का' आज मैं लोकार्पण कर पा रहा हूँ।

आप सबका विश्वास, स्नेह, सान्निध्य, सहयोग एवं समर्थन मुझे सर्वदा प्राप्त होगा—इस बात की मैं विनम्र अपेक्षा करता हूँ।

15 फरवरी, 2022

अनुक्रम

कुछ अनुभूतियाँ

आपदाएँ और जीवन

हमारी राजधानी : नई दिल्ली

आजादी की प्यास, भविष्य की आस

विविध स्मृतियाँ

कुछ अनुभूतियाँ

एक झलक : जिंदगी की

कल रात एक झलक, मैंने जिंदगी को देखा;
वो मेरी राहों में गुनगुना रही थी।
दे रही थी सुकून मुझे मुसकान से अपनी;
और नगमे अपने एहसास भरे सुना रही थी।
दूर से ही सही···लेकिन···
अब एक हलकी सी झलक—
मैं जिंदगी को देख पाता हूँ।

लगता है···अब खुलकर मुसकरा रही है वो;
और खुशियों के गीत सारे गा रही है वो।
लेकिन शायद दूर हमसे अब जा रही है वो।

दूर से ही सही···लेकिन···अब एक हलकी सी झलक—
मैं जिंदगी को देख पाता हूँ।

जब खयालों में बस एक पलक, मैंने जिंदगी को देखा।
जेहनो-दिल को मेरे सहला रही थी वो;
प्यारी बातों से अपनी मुझे बहला रही थी वो।
जब खयालों में बस एक पलक,
मैंने जिंदगी को देखा।

आज शाम एक झलक, फिर मैंने जिंदगी को देखा।
पर कुछ उदास–सी लगी वो, न जाने क्यों
कुछ थकी–सी, कुछ सहमी सी
और आँखों में उनकी, कुछ नमी थी।
पर चेहरे पर थी मुसकान की एक रेखा
जब आज शाम एक झलक मैंने जिंदगी को देखा।

□

गीत : वो खुशी जल्द ही लौटेगी

वो खुशी जल्द ही लौटेगी—
सब लोगों के कंधों पर जब;
यह बोझ भयंकर न होगा।
स्कूल व दफ्तर खुलेंगे तब;
बीमारी का डर न होगा।
जब हर त्योहार, लगन, शादी;
जलसों में मनाई जाएगी।
वो खुशी कभी तो लौटेगी॥

जब ताश या कैरम नहीं घर में;
सब बाहर साथ में खेलेंगे।
जब मंदिर, मसजिद, गुरुद्वारे;
और गिरजे में सारे आएँगे।
जब गलियों में बच्चे दौड़ेंगे;
जब दुनिया जश्न मनाएगी।
वो खुशी कभी तो लौटेगी॥

□

गीत : ओ बंधु, हार मत मानो

ओ बंधु, हार मत मानो; हमें जीवन बचाना है।
दवाई और कड़ाई से; कोरोना को हराना है॥

रखना शारीरिक दूरी है; लगाना मास्क जरूरी है।
हाथ धोना भी जरूरी है; यही सबको समझाना है।
ओ बंधु, हार मत मानो; हमें जीवन बचाना है॥

हुए बीमार न घबराना; तुरंत डॉक्टर को दिखलाना।
सही उपचार करवाना; बीमारी को भगाना है।
ओ बंधु, हार मत मानो; हमें जीवन बचाना है॥

स्वास्थ्यकर्मियों पर है आस; सुरक्षा बल पर है विश्वास।
कोरोना का वो करेंगे नाश। ये दुनिया को दिखाना है।
ओ बंधु, हार मत मानो; हमें जीवन बचाना है॥

□

हम तभी दीवाली मनाएँगे

आदिवासियों का दुःख जब होगा दूर;
खुशियों से जीवन होगा भरपूर;
थमेगा जब उनपर अत्याचार;
भागेगा विषमता का अंधकार।
जब सुख के गीत सभी गाएँगे;
हम तभी दीवाली मनाएँगे।

जब जल, जंगल और जमीन तक;
होगा अपना मालिकाना हक।
आदिवासी न घबराएगा;
सिर ऊँचा अपना उठाएगा।
जब शांति के दीये सभी जलाएँगे;
हम तभी दीवाली मनाएँगे।

जब रोटी, कपड़ा, मकान होगा;
स्वास्थ्य-शिक्षा का अभियान होगा।
हर आदिवासी को अभिमान होगा;
समाज में अपेक्षित स्थान होगा।
जब समानता के सुर सभी सजाएँगे;
हम तभी दीवाली मनाएँगे।

जब रुकेगी तसकरी लड़कियों की;
और उनपर बौछार गुल्म व
झिड़कियों की।
जब सम्मान की साँस वो ले पाएँगी;
और स्वतंत्रता का जीवन बिताएँगी।
जब समृद्धि के फूल सभी खिलाएँगे;
हम तभी दीवाली मनाएँगे।

आदिवासियों को मिले सर्वदा;
पहचान व समुचित सम्मान।
परदेश व देश को जो दिलाता;
अपनी निपुणता से शान।
जब सफलता के
पथ पर सभी जाएँगे;
हम तभी दीवाली मनाएँगे।

□

मैं जल्दी में हूँ

मैं जल्दी में हूँ··· साल गिने मैंने अपने,
तब लगा···
कि बहुत कम समय रह गया; जीने के लिए।

उस बच्चे की तरह हूँ मैं;
जिसने शुरू में, अपनी चॉकलेट बार
बहुत जल्दी से खाई थी।
पर जब वो कम गया लगातार;
तब उसकी अहमियत समझ में आई थी।

अब समय नहीं रहा मेरे पास
लंबी सभाओं, कार्यों व कार्यकलापों के लिए।
और हो रहा इस बात का एहसास
कि जगह भी नहीं अब, इन औपचारिकताओं के लिए।

अब वो धीरज भी नहीं मुझमें; कि बेतुकी बातें सह सकूँ।
और न ही शक्ति है इतनी मुझमें; कि उनसे तुक की बातें कह सकूँ।

समय मेरे पास बहुत ही कम है; लेकिन स्वाद की मुझे चाह है।
घटते चॉकलेट बार का भी गम है; पर बचाने की नहीं कोई राह है।

जीना चाहता हूँ मैं, बस उनकी तरह अब।
गलतियों पर अपनी जो हँसते नम्रता से सब।

और जीत पर अपनी जश्न नहीं; जिम्मेदारी चाहता हूँ।
बचे जीवनकाल में सच्चाई व ईमानदारी चाहता हूँ।
जीवन की जरूरतों को जानकर;
घिरा लोगों से रहना चाहता हूँ।
और अपना औरों के दु:खों को मानकर;
मन की बातें कहना चाहता हूँ।

दर्द भी मिटाने की इच्छा है; दूसरों की गंभीरता से।
और रोतों को हँसाने की इच्छा है; अपने मन की मधुरता से।

मैं सचमुच जल्दी में हूँ···संपूर्णता का जीवन जी लूँ जरा।
और फिराक बस इसी में हूँ; कि नशे के घूँट पी लूँ जरा।

पता है, जो बचा है, वो बेहद ही अच्छा है।
और एक ऐसा सपना है, जो बिल्कुल सही व सच्चा है।

अब एक ही लक्ष्य है मेरा; मिलन अनंत हो अपनों के साथ।
सुखमय मेरा रहे बसेरा; और जीवन का मेरे अंत हो,
अंत:करण के सपनों के साथ।

□

खुदगर्ज रिश्ते

देर से ही सही, पर लोगों को अब; समझने लगा हूँ मैं।
आहिस्ता-आहिस्ता इसलिए अब; बदलने लगा हूँ मैं।

लड़खड़ाता था अकसर मैं; बिना पिये शराब भी।
पर सच्चाई के कई कड़वे घूँट पीके अब, सँभलने लगा हूँ मैं।

सोचता था होते रिश्ते नहीं सब; खुदगर्जी से भरे हुए।
पर कुछ खुदगर्ज रिश्तों को देख के अब; उलझने लगा हूँ मैं।

जला के अपने दिल को; दी मैंने जमाने को रोशनी।
पर दुनिया की बेवफाई देख के अब; बुझने लगा हूँ मैं।

रिश्ते तोड़ देना नहीं रही; फितरत मेरी कभी।
इसलिए देख रिश्तों को टूटते अब; सुबकने लगा हूँ मैं।

देर से ही सही, पर लोगों को अब; समझने लगा हूँ मैं।
आहिस्ता-आहिस्ता इसलिए अब; बदलने लगा हूँ मैं।

□

डूबता ही रहा हूँ मैं

कभी किसी के प्यार में डूबा; कभी किसी के इंतजार में डूबा;
कभी किसी के इकरार में डूबा; तो···कभी किसी के इनकार में डूबा।
पर, डूबता ही रहा हूँ मैं।

कभी किसी के ख्वाब में डूबा; कभी किसी के शबाब में डूबा;
कभी मैं शराब में डूबा; तो···कभी दिल की किताब में डूबा।
पर, डूबता ही रहा हूँ मैं।

कभी अपने गम में डूबा; कभी औरों के रहमो-करम में डूबा;
कभी किताबों-कलम में डूबा; तो···कभी दर्दे सितम में डूबा।
पर, डूबता ही रहा हूँ मैं।

कभी किसी की खुशी में डूबा; कभी किसी के गम में डूबा;
कभी किसी की दोस्ती में डूबा; तो···कभी किसी की दुश्मनी में डूबा।
पर, डूबता ही रहा हूँ मैं।

□

मेरी ख्वाहिश : एक दीया ऐसा जलाना

एक दीया ऐसा जलाना; जो मन में मेरे विश्वास भरे।
दूर करे हर गम का अँधेरा; और जीवन में मेरे प्रकाश भरे।

एक दीया ऐसा जलाना, जो अंदर तक प्रकाश करे,
और मेरे मुरझाए जीवन में, फिर से परिहास भरे।

एक दीया ऐसा जलाना, जो बहुत सीधा-सादा हो।
पर अंत तक मेरे साथ जलने का; जिसने किया एक वादा हो।

एक दीया ऐसा जलाना, जो देखने में भी सुंदर हो।
बाहर से हो बहुत लुभावना, और असीम प्रेम उसके अंदर हो।

एक दीया ऐसा जलाना, जो मेल कराए अपनों में।
भूलकर भेदभाव आपस के, डाल दे जान सबके सपनों में।

एक दीया ऐसा जलाना, जो रोशनी दे शालीनता की।
प्रगति की, परिवर्तन की, और मानवीय सहनशीलता की।

एक दीया ऐसा जलाना, जो उजाला दे लाचारों को।
राह दिखाए कमजोरों को, और सहारा दे बीमारों को।

एक दीया ऐसा जलाना, जो शक्ति दे महिलाओं को।
और एक दीया ऐसा जलाना, जो भक्ति दे इनसानों को।

एक दीया ऐसा जलाना, जो हिम्मत दे हर मुश्किल में मुझे।
अंधकार को चीर निकल जाने की, ताकत दे हर मंजिल में मुझे।

एक दीया ऐसा जलाना, उसके लिए जो रूठ गया।
उसके लिए जो छूट गया, और उस सपने के लिए जो टूट गया।

एक दीया ऐसा जलाना; जो मन में मेरे विश्वास भरे।
दूर करे हर गम का अँधेरा; और जीवन में मेरे प्रकाश भरे।

□

तुम गिला न करना

लोग साथ छोड़ जाएँगे, तुम गिला न करना।
दिल भी तोड़ जाएँगे, तुम गिला न करना।

लंबा है जिंदगी का सफर, और सफर के दौरान।
बहुत सारे मोड़ आएँगे तुम गिला न करना।

खता करके खुद, वो हर एक खता से।
नाम तुम्हारा जोड़ जाएँगे, तुम गिला न करना।

तोड़ भी दें अगर, वो तुम्हारे सपनों का महल।
तुम्हारी हिम्मत न तोड़ पाएँगे, तुम गिला न करना।

बस खुद पे और खुदा पे, रखना भरोसा कायम।
तुम्हारे वो इरादे न झँझोड़ पाएँगे, तुम गिला न करना।

लोग साथ छोड़ जाएँगे, तुम गिला न करना।
दिल भी तोड़ जाएँगे, तुम गिला न करना।

□

जिनसे उम्मीद थी...

मुकर गए वो लोग
जिनसे उम्मीद थी।
जाने किधर गए वो लोग
जिनसे उम्मीद थी।

करते थे जो वादा,
सदा साथ निभाने का;
बेफिक्र हो गए वो लोग
जिनसे उम्मीद थी।

खुदगर्जी में मेरा, उठाके फायदा
जरूरत के वक्त;
अनदेखा कर गए वो लोग
जिनसे उम्मीद थी।

खुशियाँ जो बाँटी उनके साथ
तो खुश रहे सभी।
पर तकलीफ में मेरी,
इधर-उधर गए वो लोग
जिनसे उम्मीद थी।

ऐसा नहीं कि सबने
मेरा साथ छोड़ दिया।
बहुत ऐसे भी हैं जिन्होंने
मेरे ख्वाबों को जोड़ दिया।
पर बेवफा निकले,
ज्यादातर वो लोग
जिनसे उम्मीद थी।

भरोसा इसलिए बस खुदा पे
अब पूरा रखेंगे हम।
कायम रहे मेरी जिंदगी में;
उसका रहमोकरम।
जब हताश हमें कर गए वो लोग
जिनसे उम्मीद थी।

और मुकर गए वो लोग
जिनसे उम्मीद थी।
जाने किधर गए वो लोग
जिनसे उम्मीद थी।

□

अब मैं कविताएँ नहीं करता हूँ...

अब मैं आहें नहीं भरता हूँ; किसी को शिकायत है।
अब मैं कविताएँ नहीं करता हूँ; किसी को शिकायत है।

खुशियों से भरी है जिंदगी; है कोई नहीं मलाल।
बस मैं दोस्तों पे मरता हूँ; किसी को शिकायत है।
अब मैं कविताएँ नहीं करता हूँ; किसी को शिकायत है।

भरे पड़े हैं दुनिया में, झमेले बेशुमार। अब मैं किसी झमेले में नहीं पड़ता हूँ;
किसी को शिकायत है। अब मैं कविताएँ नहीं करता हूँ;
किसी को शिकायत है।

गौर करें तो बहुतों के सपने टूट गए। ऐसे लोगों के दिलों में आस भरता हूँ;
किसी को शिकायत है। अब मैं कविताएँ नहीं करता हूँ;
किसी को शिकायत है। डरता हूँ तो बस, मैं अपने खुदा से।

अब मैं इनसानों से नहीं डरता हूँ; किसी को शिकायत है।
अब मैं कविताएँ नहीं करता हूँ; किसी को शिकायत है।
अब मैं आहें नहीं भरता हूँ; किसी को शिकायत है।

□

कोई कभी न शक हो

बड़े प्यारे होते हैं वो रिश्ते; जिनमें कोई कभी न शक हो।
और अपने जाने जाँ के लिए; दिल में हमेशा कसक हो

ना दूरी रहे, न मजबूरी रहे; बस प्यार की भरपूरी रहे।
बढ़ें हम रिश्ते निभाते हुए; रास्ता हमारा जहाँ तक हो।
और कोई कभी न शक हो।

दिल में भरे जज्बात हों; हमेशा 'मन की बात' हो।
गम बाँटें एक-दूसरे के; एक-दूजे पर प्यारा हक हो;
और कोई कभी न शक हो।

मन में आशा व विश्वास लिये; और अपनेपन का एहसास लिये।
खुदा और खुद पर रहे भरोसा; दिल में प्रेम की सदा महक हो;
और कोई कभी न शक हो।

□

ये चिंता अगर मिट भी जाए तो क्या है···

ये 'बॉलीवुड' में जगह बनाने की चिंता;
लोगों के दिलों में समाने की चिंता।
ये दौलत और शोहरत कमाने की चिंता।
ये चिंता अगर मिट भी जाए तो क्या है···

हरेक शख्स परेशान, हरेक आस प्यासी;
ये मंजिल न पाने की, मन में उदासी;
हरेक साँस अब हो चुकी है रुआँसी;
ये चिंता अगर मिट भी जाए तो क्या है···

आते हैं यहाँ सभी किरदार बनकर;
कभी प्यार तो कभी तकरार बनकर।
कभी कामयाबी, कभी हार बनकर;
ये चिंता अगर मिट भी जाए तो क्या है···

यहाँ दोस्त बनकर, मिलते हैं दुश्मन;
दिखाते फरेबी हैं, झूठा अपनापन।
रचते हैं साजिश, बढ़ाते हैं अनबन;
ये चिंता अगर मिट भी जाए तो क्या है···

ये चिंता यहाँ बेवजह, बेजरूरी;
करते रहे उम्र भर, जी-हुजूरी।
कभी न घटेगी, आपस की ये दूरी;
ये चिंता अगर मिट भी जाए तो क्या है···

मिटा दो इसे, भूल जाओ ये चिंता;
मिटा दो, मिटा दो, मिटा दो इसे
भूल जाओ ये चिंता।
अपने दिलों से, मिटा दो ये चिंता;
जिसकी भी हो अब, करने दो ये चिंता।
ये चिंता अगर मिट भी जाए तो क्या है···

□

निराश न हो

हुई सफल नहीं अब तक जिंदगी
कोई बात नहीं।
कि सुबह न हो जिसकी कभी;
कोई ऐसी रात नहीं॥
इसलिए मुसकराओ सदा और उदास न हो।
और अपने जीवन में कभी निराश न हो॥

मंजिलें और भी हैं आगे यहाँ से अभी;
कई सुनहरे ठौर भी हैं आगे यहाँ से अभी।
इसलिए गुनगुनाओ सदा और हताश न हो।
और अपने जीवन में कभी निराश न हो॥

आएगी नाकामयाबी भी कामयाबी के संग में।
कि गिरते हैं शहसवार ही मैदाने जंग में।
किसी भी मुसीबत में कभी बदहवास न हो।
और अपने जीवन में कभी निराश न हो॥

□

बस ईश्वर ही आस देता है

जब सर्वत्र घोर अँधेरा हो; और मन में दुःख का डेरा हो।
तब ईश्वर ही आस देता है; और बरकत खास देता है।

बादल छँटते, निकलती धूप; और रात लेती दिन का रूप।
जीवन के पतझड़ में भी; वह हमें मधुमास देता है।
बस ईश्वर ही आस देता है॥

कष्ट व चिंता देख हमारी; वह भी चिंतित होता है।
देख हमारी तकलीफें सारी; वह भी विचलित होता है।
दुखद स्थिति में भी; वह प्रेममय परिहास देता है।
बस ईश्वर ही आस देता है॥

यदि रखें भरोसा ईश्वर पर; पूरे मन से हम।
तब हटेगा जीवन का संकट हर; और दूर रहेंगे गम।
विपरीत परिस्थितियों में भी; वह विश्वास देता है।
बस ईश्वर ही आस देता है॥

□

तुम्हारे बिना

ये जजीरा बहुत उदास है तुम्हारे बिना;
अब आता नहीं कुछ रास है तुम्हारे बिना।

पानी-ही-पानी है चारों ओर हमारे;
फिर भी मन में प्यास है तुम्हारे बिना।

पहाड़ों की ऊँचाई में गहराई में समुद्र की;
दिल को दर्द का एहसास है तुम्हारे बिना।

महकती थी तुमसे मिट्टी भी यहाँ की;
अब तो पतझड़-सा मधुमास है तुम्हारे बिना।

खुश थे हम देख तुम्हें हर पल हर जगह;
अब हर लम्हा यहाँ निराश है तुम्हारे बिना।

थे बेफिक्र हम बहुत पा के साथ तुम्हारा;
अब तन्हाई पास है तुम्हारे बिना।

सालों-साल साथ बिताए वो प्यारे-प्यारे पल;
अब जीना एक प्रयास है तुम्हारे बिना।

पर लौटना तुम जरूर इस जजीरे में कभी;
बस इतनी सी ख्वाहिश खास है तुम्हारे बिना।

□

तपस्या तीन महीने की

बाहर गया नहीं मैं घर के;
पिछले तीन माह से।
देख रहा हूँ गुजरते लम्हे;
कुछ हसीन कुछ उदास-से।

पर निकाल रहा हूँ मन के बाहर; सदैव अपनी भावनाओं को।
कभी पढ़कर तो कभी गाकर; मैं अपनी कविताओं को।
और बिता रहा हूँ दिन मैं अपने; पारिवारिक हर्षोल्लास से।
बाहर गया नहीं मैं घर के; पिछले तीन मास से।

सोचता हूँ अच्छा समय है ये;
हुनर को अपने निखारने के लिए।
रूठे हुओं को मनाने के लिए;
बिगड़े रिश्ते सुधारने के लिए।
कोशिश कर रहा हूँ मैं अपने;
पूरे होशो-हवास से।
जब बाहर गया नहीं मैं घर के;
पिछले तीन मास से।

जून 2020

□

सोचो कैसा लगता है

जब बाँधे सिर पर सेहरा हो;
और भौंरा बाग पे जाकर ठहरा हो।
लेकिन फूलों पे लगा सख्त पहरा हो;
तो सोचो कैसा लगता है ?

जब पत्नीजी मेहरबान हो;
और सुबह जाना अंडमान हो।
पर रात में 'लॉकडाउन' का एलान हो;
तो सोचो कैसा लगता है ?

जब 'कोरोना' से पीड़ित देश हो;
कुछ सहमा-डरा-सा परिवेश हो।
और घर में ही रहने का आदेश हो;
तो सोचो कैसा लगता है ?

जब एक ही कमरे में रहना हो;
पास न कोई साथी, भाई या बहना हो।
और अकेले ही सबकुछ सहना हो;
तो सोचो कैसा लगता है ?

जब लॉकडाउन में मन उदास हो;
पर जब तुम बहनों के पास हो।
और खाना कुछ बनाया खास हो;
तो बोलो कैसा लगता है ?

जब मम्मी–पापा से मिलने का मन हो;
और ट्रेन का भी आवागमन हो।
लेकिन लॉकडाउन का एक्सटेंशन हो;
तो सोचो कैसा लगता है ?

जब महीनों उनसे मुलाकात न हो;
और पास बैठकर बात न हो।
और जल्द मिलने के हालात न हों।
तो सोचो कैसा लगता है ?
जब सबके दिलों में निराशा हो;
पर लॉकडाउन खुलने की आशा हो।
फिर भी कोई देता नहीं दिलासा हो;
तो सोचो कैसा लगता है ?

जून 2020

□

प्रार्थनामय प्रतिबिंबन

आपदाएँ हैं आ रही, बिना रुके जहान में;
दहशत-सी है छा रही, हर एक इनसान में।

नुकसान हो रहा, जबरदस्त जानोमाल का;
मजबूरी पे अपनी रो रहा, हर शख्स बेहाल-सा।
बाढ़ व भूकंप के सिवा भी छाई कोई लाचारी है;
जिसकी है कोई दवा नहीं, आई ऐसी ये महामारी है।
रहा जूझ इन बड़े मसलों से फँसा प्रशासन भी, इम्तिहान में;
जब आपदाएँ हैं आ रही, बिना रुके जहान में।

लंबे लॉकडाउन की वजह से;
छोटे बंद हो रहे व्यवसाय।
और फँस जाने से कई जगह पे;
बहुतों की घट गई आय।
कब मिटेगा, कहर कोविड का
यह नहीं किसी के संज्ञान में;
जब आपदाएँ हैं आ रही,
बिना रुके जहान में।

है जरूरी हम कद्र करें;
औरों की भी भावनाओं की।
प्रकृति के प्रति भी हम भद्र रहें;
खोज करें संभावनाओं की।
सबका साथ व सबका विकास भी
रहे सरकारी ध्यान में;
जब आपदाएँ हैं आ रही,
बिना रुके जहान में;

गर अब सच्चे मन से हम करें दुआ;
और मिटाएँ मुश्किलें, मिला के हाथ।
तब हर मर्ज की मिलेगी हमें दवा;
और खुदा भी रहेगा हमारे साथ।
और मिलेगी आशीष भी सारी
हमें ईश्वर से प्रतिदान में;
जब आपदाएँ हैं आ रही,
बिना रुके जहान में।

जून 2020

□

जिंदगी कुछ थम-सी गई है

जिंदगी कुछ थम–सी गई है; कुछ कम–सी गई है।
कायनात भी इस कहर से; कुछ सहम–सी गई है।

कई लोग दूर हैं अपनों से; खूबसूरत सपनों से।
एहसास भरे साँसों से; और प्यार भरे लम्हों से।
जिस्म थक गया है; आँख हो कुछ नम–सी गई है।
जिंदगी कुछ थम–सी गई है।

बीत रहा है हर एक पल; कल की सुहानी आस में।
जल्द होगा यह कष्ट ओझल; सब हैं इसी विश्वास में।
सबकी निगाह इसी दिशा में; कुछ जम–सी गई है।
जिंदगी कुछ थम–सी गई है।

पर देख खिलना फूलों का, और चहकना पक्षियों का।
और नीले आसमाँ के तले; लहलहाना हरे वृक्षों का।
तकलीफ भी इस दिल की; हो कुछ मरहम–सी गई है।
और जिंदगी अब सबकी; हो कुछ नरम–सी गई है।

सितंबर 2020

□

यहाँ अकेला नहीं हूँ मैं

सारी पृथ्वी, सारा संसार; सारे परिजन, सारे परिवार।
इस स्थिति से परेशान हैं यहाँ अकेला नहीं हूँ मैं।

बीमार हैं लोग, विचलित हैं लोग;
संघर्ष कर रहे, फिर भी जीवित हैं लोग।
सब ला रहे अपने, चेहरों पे मुसकान हैं यहाँ अकेला नहीं हूँ मैं।

अनिश्चिता के दौर में, जब अंधकार घोर यहाँ;
उम्मीद के चश्मे से दिखती, चमकदार भोर वहाँ।
और आहिस्ता से माहौल हो रहा आसान है यहाँ अकेला नहीं हूँ मैं।

हर परेशानी के दौरान, खुद को हमें जगाना है;
उठाने हैं सही कदम, इस आफत को भगाना है।
हौसला अफजाई करते, यहाँ सब इनसान हैं
और यहाँ अकेला नहीं हूँ मैं।

यकीन है जल्द ही निकलेगा; इस बड़े मसले का हल।
और सबकी कोशिशों से होगा; इस पृथ्वी का सुनहरा कल।
कि सारे परिवार, परिजनों व संसार पर;
हमारा खुदा मेहरबान है इसलिए, यहाँ अकेला नहीं हूँ मैं।

□

वैलेंटाइन डे

वैलेंटाइन डे है मेरे लिए; जब खुशियों का एहसास हो।
वैलेंटाइन डे है मेरे लिए; जब पतझड़ में मधुमास हो।

वैलेंटाइन डे है मेरे लिए; जब आपस में विश्वास हो।
वैलेंटाइन डे है मेरे लिए; जब कोई दोस्त अपना पास हो।

वैलेंटाइन डे है मेरे लिए; जब देश का विकास हो।
वैलेंटाइन डे है मेरे लिए; जब समाज में हर्षोल्लास हो।

वैलेंटाइन डे है मेरे लिए; जब सीमाओं पर शांति व परिहास हो।
वैलेंटाइन डे है मेरे लिए; जब शहीदों के परिवारों का सम्माननीय पुनर्वास हो।

वैलेंटाइन डे है मेरे लिए; जब खुशियों का एहसास हो।
वैलेंटाइन डे है मेरे लिए; जब पतझड़ में भी मधुमास हो।

□

आपदाएँ और जीवन

कोसी का कहर
व्यथा एक बाढ़ पीड़ित की

‘कहें प्रकृति का प्रकोप इसे,
या लापरवाही इनसान की;
कि हुई बिहार में, ‘कोसी के कहर’ से भयंकर तबाही फसल, माल व जान की।’

घर मेरा मिट्टी का था बाढ़ में जो ढह गया।
खुशहाली का मेरा जो सपना पानी में वो बह गया
क्या हुआ अचानक यह क्यों हुआ?
यह कैसी लीला ईश्वर की;
कि हुई ‘कोसी के कहर’ से भयंकर तबाही फसल, माल व जान की।

माँ-बाप बूढ़े व कमजोर, मेरे बच्चे भी हैं डरे हुए।
सहमी-सी पत्नी है मेरी आँखों में आँसू भरे हुए।
अब बच जाए बस परिवार मेरा; हमें चिंता नहीं सामान की।
जब हुई ‘कोसी के कहर’ से भयंकर तबाही फसल, माल व जान की।

सुना है—चावल, दाल, सत्तू व कपड़े, बाँट रही सरकार है;
कब मिलेंगे यह सब हमें भूखे तन को इंतजार है।
घिरे हुए हैं पानी से हम पर, प्यास से जाते प्राण भी;
कि हुई ‘कोसी के कहर’ से भयंकर तबाही फसल, माल व जान की।

सोलह जिले हैं परेशान व बाढ़ से बेहाल;
कीमतें छूएँगी आसमान, शायद फिर से अब इस साल।
और महँगाई के साथ बढ़ेंगी दिक्कतें हर इनसान की;
क्योंकि हुई 'कोसी के कहर' से भयंकर तबाही फसल, माल व जान की।

राज्य में 'राष्ट्रीय आपदा' से जब लाखों पीड़ित व लाचार हैं;
न करें विवाद इस बात पे तब कि कौन जिम्मेदार हैं।
बस करें सेवा निस्स्वार्थ सब व करें चिंता जन कल्याण की;
कि हुई 'कोसी के कहर' से भयंकर तबाही फसल, माल व जान की।

धन्यवाद! बाढ़ पीड़ितों के बचाव के लिए सेना का प्रयास जारी है।
और करोड़ों रुपयों की भी केंद्र से मिली मदद सरकारी है।
है आशा N.G.O. व U.N. पर भी हर जन, मजदूर व किसान की;
जब हुई 'कोसी के कहर' से भयंकर तबाही फसल, माल व जान की।

प्रार्थना है! इस आपदा से फैले नहीं महामारी;
और प्रयत्न प्रशासन करे कि बढ़े न कोई बीमारी।
स्वच्छ जल, आहार, आसरा मिले हर जिंदगी हो सम्मान की;
जब हुई 'कोसी के कहर' से भयंकर तबाही फसल, माल व जान की।

पर इस विपत्ति से सरकार जगेगी इस बात का है विश्वास;
व 'आपदा प्रबंध' के भी निश्चय करेगी निरंतर गंभीर प्रयास।
साथ जनता भी जागरूक होगी, होगी सफलता इस अभियान की;
ताकि फिर न हो ऐसी तबाही कभी फसल, माल व जान की।

अगस्त 2008

□

पर्यावरण बचाना है

हमको पर्यावरण बचाना है;
धरती को स्वर्ग-सा बनाना है।

कैसा ये विश्व में, विकास का नशा, दर्दीली हो रही दुनिया की दशा।
आपदाओं का जारी है बढ़ना और तबाही के हर कदम पे निशाँ
ऐसे हालात को मिटाना है; धरती को स्वर्ग-सा बनाना है।

बढ़ रहा ताप जग के अंदर का; उठ रहा जल सतह समंदर का।
ऐसे में जल, जमीं, जंगल को बचा; जग को हम सब बनाएँ सुंदर-सा।
कल के सपने हमें सजाना है; धरती को स्वर्ग-सा बनाना है।

क्या रहेगा सदा ये विश्व हरा;
मन मानव भी सुख व शांति भरा॥
कर लें संकल्प हम गंभीर जरा;
खिलखिलाती रहे हमारी धरा।
स्वस्थ वातावरण बनाना है;
धरती को स्वर्ग-सा बनाना है।

□

भारत में कोविड टीकाकरण : एक नया कीर्तिमान

धन्यवाद मोदीजी आपका
एक और नया कीर्तिमान बनाने के लिए;
यथाशीघ्र ही देश में, सौ करोड़ देशवासियों का
टीकाकरण करवाने के लिए।

अग्रणी थे, अग्रणी हैं और अग्रणी रहेंगे आप;
सबकी प्रार्थना व शुभकामनाओं से धनी रहेंगे आप।
प्रशंसनीय हैं आपके प्रयास
कोरोना वायरस को भगाने के लिए।
धन्यवाद मोदीजी आपका
एक और नया कीर्तिमान बनाने के लिए।
यथाशीघ्र ही देश में सौ करोड़ देशवासियों का
टीकाकरण करवाने के लिए।

सचमुच है यह आपकी उपलब्धि बेमिसाल;
आशा है रहेगा सफल भी हर आनेवाला साल।
प्रशंसनीय हैं हर काम आपके;
जनता में जोश जगाने के लिए।

धन्यवाद मोदीजी आपका
एक और नया कीर्तिमान बनाने के लिए।
यथाशीघ्र ही देश में सौ करोड़ देशवासियों का
टीकाकरण करवाने के लिए।

हर चुनौती का सामना आप करते हैं विश्वास से।
हमारी बस है कामना; आप विजयी रहें उल्लास से।
और नीतियाँ आपकी हों सदा
देश की शान बढ़ाने के लिए।
धन्यवाद मोदीजी आपका
एक और नया कीर्तिमान बनाने के लिए।
यथाशीघ्र ही देश में सौ करोड़ देशवासियों का
टीकाकरण करवाने के लिए।

शुभकामनाएँ हैं आपको हमारी
आप स्वस्थ रहें हर वक्त।
जब लगा रहे आप शक्ति सारी;
कि भारत रहे सशक्त।
पर फर्ज करें हम सब भी अदा
देश को सक्षम बनाने के लिए।
धन्यवाद मोदीजी आपका
एक और नया कीर्तिमान बनाने के लिए।
यथाशीघ्र ही देश में सौ करोड़ देशवासियों का
टीकाकरण करवाने के लिए।

अक्तूबर 2021

□

कब तक सिहरेगा यह बदन...

कितना और कब तक सिहरेगा बदन ?
अपनों की मौत की खबर सुनकर।
कब होगा आश्वस्त अपना तन-मन;
और कब हँस पाएँगे हम खुलकर।

समझ नहीं पा रहा अब कोई यहाँ;
कि कब यह महामारी जाएगी।
जब तड़प रहा है सारा जहाँ;
वापस कब खुशी हमारी आएगी।
कब होगा हर कोई सदा प्रसन्न;
और बरकतें मिलेंगी बहुत जमकर।
कितना और कब तक सिहरेगा बदन ?
अपनों की मौत की खबर सुनकर।

कोई भी अछूता न रहा; इस महामारी की मार से।
अमीर और गरीब, कोई न बचा; कोविड के प्रहार से।
अपनों से मिलना हुआ स्वप्न; बद से हुई जिंदगी बदतर।
कितना और कब तक सिहरेगा बदन ?
अपनों की मौत की खबर सुनकर।

मई 2021

□

चिंतित न हों कोरोना से

सबकुछ सामान्य है यहाँ;
कोई जरा न चिंतित हो।
कोरोना से भयभीत यहाँ;
कोई भी न किंचित् हो।

है दवाई देश के हर कोने में;
पर व्याकुल जनता सारी है।
और इसकी सुरक्षित होने पे;
अभी अनिश्चितता जारी है।

पर सुरक्षा होगी शीघ्र प्रमाणित;
टीकाकरण होगा पूर्णतः सफल।
हर जन होगा यहाँ अभिमानित;
हर्षित, स्वस्थ एवं सबल।

लगवाएँ टीका इसलिए सभी;
और कोई न इससे वंचित हो।
कि सबकुछ सामान्य है यहाँ;
कोई जरा न चिंतित हो।

20 जनवरी, 2021

□

कोविड नाइनटीन-बीमारी संगीन

ये जो कोविड–नाइनटीन है,
जो बीमारी बड़ी संगीन है।
रखना एहतियात पर यकीन है,
अगर रहना है सदा हसीन है।

घर पर ही रहें हर वक्त, जहाँ तक संभव हो सके,
कदम हर उठाएँ सख्त, कि ये वायरस खो सके।

हाथ भी धोते रहें सदा, और दूर रहें भीड़–भाड़ से।
तब ही टलेगी ये आपदा, सबके उत्तरदायी व्यवहार से।

बंद हैं मंदिर, मसजिद, गुरुद्वारे,
गिरजे भी बंद पड़े हमारे।
पर डॉक्टर, पैरामेडिकल, बैंकर व सफाईकर्मी सारे,
नहीं हैं अब भी, इस आपदा से हारे।
रखे सरकार इन सबका ज्यादा खयाल
बस हमारी यही गुजारिश दीन है।
कि ये कोविड नाइनटीन है,
जो बीमारी बड़ी संगीन है।

सूने पड़े हैं हवाई अड्डे सारे,
पर रेलवे स्टेशन में अब भी भीड़ है।
ये भगदड़ मची है डर के मारे,
या टूटी व्यवस्था की रीढ़ है।

पर बावजूद सरकारी चेतावनी के, कहीं हो रहीं पार्टियाँ रंगीन।
जबकि ये कोविड-नाइनटीन है, जो बीमारी बड़ी संगीन है।

और हम उन्हें भी याद करें, खासकर इस दौरान।
जो किसी कमजोरी या बीमारी से, होंगे बहुत परेशान।
विशेषकर बच्चों व बुजुर्गों के प्रति, ध्यान दें अधिक जिम्मेदारी से।
ताकि कम-से-कम हो उन्हें क्षति, इस भयंकर बीमारी से।

धन्यवाद देश के हमारे जन-जन का,
'जनता कर्फ्यू' सफल करने के लिए।
है चिह्न हमारे संकल्प व समर्पण का,
इस महामारी को विफल करने के लिए।
और बीच इन सब व्यवस्था के,
धन्यवाद करना अपनी सरकार का।
लेकिन पूर्ण श्रद्धा व आस्था से,
मनन भी करना अपने सृजनहार का।

कि यद्यपि, ये कोविड-नाइनटीन है,
जो बीमारी बड़ी संगीन है।
तथापि, ये जो आसमाँ और जमीन है,
वो सदैव परमेश्वर के अधीन है।

□

कोरोना की तीसरी लहर

चारों तरफ चर्चे हैं; तीसरी लहर के।
कैसे बचेंगे देशवासी; कोविड के कहर से।

ज्यादा हुए एक साल से;
कोविड देश में आया है।
सभी बहुत बेहाल हुए;
और डर सबमें समाया है।
अब सहमे हुए हैं लोग सारे
इससे संबंधित खबर से।
क्योंकि चारों तरफ चर्चे हैं
तीसरी लहर के।

सावधानियाँ जो बरतनी हैं;
वो सबको है पता।
पर जब अपने मन की करनी है;
तब हमारी ही तो है खता।
और भटक रहे हैं हम
सावधानी की डगर से।
जबकि चारों तरफ चर्चे हैं
तीसरी लहर के।

सचमुच सराहनीय हैं;
हमारी सरकार के प्रयास।
किंतु सफलता के लिए;
लगी है जनता पर भी आस।
विवेकपूर्ण व्यवहार की अपेक्षा है—
अब हर नारी व नर से।
जब चारों तरफ चर्चे हैं
तीसरी लहर के।

स्वास्थ्यकर्मी, पुलिस व प्रशासन ने;
दी अपनी निस्वार्थ सेवाएँ।
अब हम भी संयम व अनुशासन से;
इस महामारी पर विजय पाएँ।
और प्रार्थनापूर्वक जीवन बिताएँ;
बिना फिक्र व डर के।
यद्यपि चारों तरफ चर्चे हैं
तीसरी लहर के।

सितंबर 2021

□

समय का बदलाव–कोविड से

समय का बदलाव से सामना हो गया है
जब Positive का Negative;
और···Negative का Positive...
कहलाना हो गया है।
समय का बदलाव से सामना हो गया है।

सावधानी बरतने के बाद भी:
जब संक्रमित हो रहे लोग।
तब खुदा से है फरियाद यही;
कि सबसे दूर रहे यह रोग।
हर तरफ यहाँ माहौल कुछ डरावना हो गया है;
समय का बदलाव से सामना हो गया है।

दोस्त, पड़ोसी व रिश्तेदार;
हो कोई भी सकता है बीमार।
करें प्रार्थना हम सबके लिए;
कि सभी स्वस्थ रहें सपरिवार।
जब ईश्वर की इच्छा हर बात में;
सचमुच मानना हो गया है।
समय का बदलाव से सामना हो गया है।

मैं स्वयं भी ग्रसित हूँ आज;
इस महामारी से।
फिर भी हर्षित है मिजाज;
निभाता अलगाव जिम्मेदारी से।
और ईश्वर की दया व दुआ से सबकी;
आसान मुसकराना हो गया है।
समय का बदलाव से सामना हो गया है।

अहसास है मुझे उनके हालात का;
जो गुजर रहे इस दौर से।
इसलिए खयाल रखना उनकी हर बात का;
और हौसला अफजाई करना बड़े गौर से।
आपके प्यार व हिफाजत से ही
अब स्वस्थ उनका रहना हो गया है;
समय का बदलाव से सामना हो गया है।

और स्वस्थ होंगे जल्द ही हम सब;
समय की संपूर्णता में।
संयम से, अनुशासन से;
और प्रार्थना की परिपूर्णता से।
कि ईश्वर की योजनानुसार ही;
बहुत आरामदेह बिछावना हो गया है।
समय का बदलाव से सामना हो गया है

31 अक्तूबर, 2021

□

संकल्प

आओ संकल्प करें…
प्रदूषण घटाएँगे विषमता हटाएँगे
पर्यावरण बचाएँगे
मिल के यहाँ! आओ संकल्प करें…

मानव को अपने बल पे बड़ा अभिमान है;
आधुनिक दुनिया में ही लगा उसका ध्यान है;
बढ़ते प्रदूषण से पर वो भी परेशान है
आओ संकल्प करें…

बढ़ती आबादी लेकिन, घटता है आब यहाँ;
जंगल के कटने का ना कोई हिसाब यहाँ;
बंजर होती जमीं क्यूँ इसका भी जवाब कहाँ?
आओ संकल्प करें…

पेड़ लगाना है, जल भी बचाना है;
प्यारी धरती को फूल व पौधों से सजाना है;
अपनी दुनिया का सुखमय भविष्य बनाना है।
आओ संकल्प करें…

रहना पर्यावरण का, बनकर एक मीत सदा;
रखना वातावरण को स्वच्छ व हरित सदा;
गाना इस देश में, सबकी खुशियों के गीत सदा।
आओ संकल्प करें···

□

द्वीप की बात

द्वीप की बात सुनो;
इसके हालात सुनो, द्वीप की बात सुनो।
इस जमीं पे यूँ, सुनामी ने कहर ढाए थे
जर्रे–जर्रे पे, तबाही के असर छाए थे
फिर भी हर शख्स, यहाँ खुश था दिन–रात सुनो,
द्वीप की बात सुनो।

जब मनाते थे बड़े दिन की, खुशी तुम जो वहाँ;
तब उठाते थे हम हसरत भरी आवाज यहाँ।
मुश्किलातें थीं बहुत, फिर भी मुसकराते थे;
साथ मिल सबके, बना सबको हमराज यहाँ।
थे उम्मीदों से, भरे दिल के ये जज्बात सुनो;
द्वीप की बात सुनो।

खो गए ख्वाब कई कितनी गई जानें यहाँ
फिर भी जिंदा हैं, हर इक दिल के अरमान यहाँ—
है यकीं खुद पे, खुदा पे भी, यकीं है पूरा;
अब रहेगा ना, कोई इनका, सपना अधूरा।
जिंदगी की है, यहाँ फिर से, ये शुरुआत सुनो;
द्वीप की बात सुनो, द्वीप की बात सुनो।

15 नवंबर, 2012

□

बाजार बहुत गरम है!

मुद्दा परमाणु करार है; या बनी राजनीति व्यापार है।
कि 60 वर्षों के बाद भी; हमारे प्रजातंत्र की हार है।
पर उनको नहीं कोई शरम है; और बाजार बहुत गरम है।

खरीद–फरोख्त जारी है; बने सभी व्यापारी हैं।
राजनीति के खेल में, उलझी जनता सारी है।
किसी का रवैया सख्त, तो रवैया किसी का नरम है;
और बाजार बहुत गरम है।

माया की शक्ति या शक्ति की माया है;
जो वर्तमान सरकार पर घोर संकट छाया है।
ऐसे में, बीड़ा देश बचाने का, जब जनता ने उठाया है;
तब चुनौती है उन्हें सदा, और करने अच्छे करम हैं।
कि बाजार बहुत गरम है।

रहेगी सरकार या जाएगी; कैसी स्थिति हमें भाएगी।
समाधान समस्याओं का देश की; कोई नई पार्टी लाएगी।
आँखों का धोखा है ये, या फिर मन का भरम है।
कि बाजार बहुत गरम है।

जुलाई 2007

सुनामी के दो साल

देखते-ही-देखते बीत गए, सुनामी के दो साल।
गाते खुशियों के गीत रहे, चाहे जैसा भी हो हाल।

समय के साथ बढ़ती रही, जीवन की रफ्तार।
भूल हादसे और तबाही, सब चलते रहे लगातार।
और निभाते रीत रहे, दिया देशो-दुनिया को मिसाल।
गाते खुशियों के गीत रहे, चाहे जैसा भी हो हाल।

प्रशासन व N.G.O. करते मिलकर, पुनर्निवास के काम।
प्रगति पथ पर महकते खिलकर, अमन के फूल तमाम।
जंग जिंदगी की जीत रहे, खुशियों से हो मालामाल;
जब देखते-ही-देखते बीत गए, सुनामी के दो साल।

है ईश्वर पर अपना विश्वास, होगा यत्न हमारा सफल।
पूरी सबकी करेगा आस, हर आनेवाला कल।
और प्रेम का संगीत रखे, आपसी रिश्तों को सँभाल;
फिर देखते-ही-देखते बीत गए, सुनामी के दो साल।

संकल्प कर दिखाएँगे हम, इस देश को नई दिशा।
हर घर-आँगन में, सजाएँगे हम, सपनों की दीपशिखा।
ना मन कभी भयभीत रहे, न किसी बात का हो मलाल;
बस गाते खुशियों के गीत रहें, चाहे जैसा भी हो हाल।

जनवरी 2007

□

द्वीप का स्वप्न

दर्द में भी यह द्वीप, मुसकराता बहुत है।
सपने सुखमय भविष्य के, सजाता बहुत है।

जो हुई तबाही सुनामी से, वह बीते कल की बात है;
आनेवाले कल में तो सजती खुशियों की बारात है।
दुःख भूल अपने यह औरों को सुख, दिलाता बहुत है।
इसलिए दर्द में भी यह द्वीप, मुसकराता बहुत है।

अंग्रेजों का राज रहा, आए यहाँ जापानी भी।
अत्याचारों का यूँ सिलसिला रहा, कि कहा इसे काला पानी भी।
गाथाएँ स्वतंत्रता सेनानियों की, यह सुनाता बहुत है;
और दर्द में भी यह द्वीप, मुसकराता बहुत है।

कहा था किसी शायर ने कभी, कश्मीर के लिए;
कहता हूँ मैं बात वही, इस जमीं, जंगल व नीर के लिए।
कि स्वर्ग है अगर इस धरती पर कहीं;
तो वह है बस यहीं तो वह है बस यहीं।
जड़ा हमारे देश के मुकुट में, एक हीरे की तरह—
यह दर्शनीय द्वीप, जगमगाता बहुत है;
सचमुच दर्द में भी यह द्वीप, मुसकराता बहुत है।

स्वर्ग–सा यह द्वीप रहे सदा, समृद्ध व खुशहाल;
सैलानियों का ताँता रहे लगा, इस द्वीप में सालोंसाल
जुड़ा हर दिल से गहरा इसका, नाता बहुत है।
क्योंकि दर्द में भी यह द्वीप मुसकराता बहुत है।

मार्च 2006

□

विदेशी या देशी!

'स्लमडॉग मिलयेनियर' कैसे फिल्म विदेशी है?
जुड़ा जब इसका भारत से हर पहलू देशी है!

कलाकार सब हिंदुस्तानी हैं, कहानी भी हिंदुस्तान की—
'जय हो' गीत व संगीत में 'ऑस्कर' के लिए 'गुलजार व रहमान' की।
और 'रेसूल कुट्टी' ने भी जीता जब एक 'ऑस्कर' अपने नाम,
तब 'स्लमडॉग मिलयेनियर' को मिले आठ 'ऑस्कर' इनाम।

गरीबी से गौरव का सफर फिल्माया भारतीय अंदाज में,
अब कितनों के जीवन का स्तर सुधरेगा कल व आज में।
और भरी खुशियों से हरदम रहे अपने देश की सुबह-शाम,
जब 'स्लमडॉग मिलयेनियर' को मिले आठ 'ऑस्कर' इनाम।

'स्लमडॉग मिलयेनियर' की हर बात विशाल है,
विश्वास, आशा व प्रेम की यह अनूठी मिसाल है।
और भारतीयों को मिला विश्व में एक सुनहरा आयाम,
जब 'स्लमडॉग मिलयेनियर' को मिले आठ 'ऑस्कर' इनाम।

बनाया अवश्य अंग्रेज ने इसे पर भारत रहा आधार,
और मिले भारतीयों के जरिये ही इसे इतने सारे पुरस्कार।
फिर हासिल इसे हुआ विदेश में एक शानदान मुकाम,
जब 'स्लगडॉग मिलयेनियर' को मिले आठ 'ऑस्कर' इनाम।

इसलिए—
न कहें इसे फिल्म विदेशी कभी और न देश की गलत पहचान,
सचमुच मिल भारतीय कलाकारों ने सभी बढ़ाया भारत देश का मान।
अब शुरुआत कर जमीं से करें हम आसमाँ से ऊँचे काम,
जब 'स्लगडॉग मिलयेनियर' को मिले आठ 'ऑस्कर' इनाम।

जून 2009

□

दिल्ली का दर्द

मौसम को बदलते देखा है; रंगों को बिसरते देखा है।
पर इस बार दिल्ली ने दीवाली में; अपनों को बिछड़ते देखा है;
लोगों को बिलखते देखा है॥

हैवानियत हो गई हावी जहाँ पे;
इनसानियत खो गई लगता है।
दब गया बमों के धमाकों में;
पटाखों का शोर लगता है।
बस व बाजारों में, लोगों को; मरते देखा है।
इस बार दिल्ली ने दीवाली में;
अपनों को बिछड़ते देखा है॥

हर एक जन दिल्ली का;
अब डरा-डरा सा रहता है।
जैसे खिलौना है मिट्टी का;
टूट जाने का डर सहता है।
औरत, मर्द, बच्चे, बड़े सबको;
खौफ से सिहरते देखा है।
इस बार दिल्ली ने दीवाली में;
अपनों को बिछड़ते देखा है॥

दिल्ली के दिल में दर्द है लेकिन;
हर सपना हमें सजाना है।
हर हैवानियत को हिम्मत से;
इनसानियत को जगाना है।
आशा की किरणों को पास ही में;
खुलकर निखरते देखा है।
इस बार दिल्ली ने दीवाली में;
अपनों को बिछड़ते देखा है॥

श्रद्धांजलि उन्हें जो चल बसे;
छोड़ जहाँ में, अपनों को।
प्रार्थनापूर्वक पूरे करें;
अधूरे उनके सपनों को।
याद में उनकी, दर्द भरे;
दिलों को कहरते देखा है।
इस बार दिल्ली ने दीवाली में;
अपनों को बिछड़ते देखा है॥

अक्तूबर 2005

□

और जरा मुसकराने दो

कुछ थक-सा गया हूँ महीनों में; चढ़ते-उतरते जीनों में;
बेकार की छानबीनों में। अब आराम फरमाने दो
और जरा मुसकराने दो।

कोरोना का कैसा कहर है;
डरा-डरा हर शहर है;
सहमा-सहमा हर पहर है;
इन्हें अब सँभल जाने दो;
और जरा मुसकराने दो।

जो गए पैदल गाँवों तक दूर;
हैं गए बहुत थक मजदूर;
साथ ही हैं गरीब और मजबूर।
अब थोड़ा उन्हें सुस्ताने दो
और जरा मुसकराने दो।

बहुतों को आज, कल की फिक्र है;
जो हैं मोहताज, उन्हें हर पल की फिक्र है;
नेताओं को बस अपने दल की फिक्र है।
अपनी फिक्र सबको मिटाने दो
और जरा मुसकराने दो।

है दर्द, जिसकी दवा नहीं;
है राहत की अभी हवा नहीं;
जिसे किसी की परवाह नहीं।
उस वक्त को गुजर जाने दो
और जरा मुसकराने दो।

छँटेंगे बादल, निकलेगी धूप;
ज्यादा सुंदर होगा, धरती का रूप;
खूब निखरेगा हर व्यक्ति का स्वरूप।
अब एक सुखद बदलाव आने दो।
और जरा मुसकराने दो।

□

हमारी राजधानी : नई दिल्ली

दहल गई है दिल्ली

फिर दहल गई है दिल्ली सारी;
विस्फोटों से सिलसिलेवार।
और दहशत है बढ़ गई हमारी;
धमाकों से पाँचों बार।

बस इतना बता दे कोई हमें क्या दोष था उनका जो मारे गए?
उम्मीदें टूटी, बिखरे सपने, कुचले अरमाँ सारे गए!
जब हुए शनिवार को दिल्ली में अचानक सरेबाजार;
पाँच दमदार धमाके बमों के खूनी व सिलसिलेवार!

खुशनुमा-सा मौसम था, सुहानी-सी थी शाम;
हुआ जब खेल हैवानियत का, फिर दिल्ली में सरेआम।
देख नाच शैतानियत का, इनसानियत रो रही लगातार;
जब दहल गई है दिल्ली सारी, विस्फोटों से सिलसिलेवार।

गईं निर्दोष जानें कितनी, घायल भी हुए अनेक;
बढ़ गई बदी हद से इतनी कि नेकी चलती घुटने टेक।
हादसा हुआ गलती से किसकी और इसका कौन है जिम्मेदार?
कि दहल गई है दिल्ली सारी विस्फोटों से सिलसिलेवार।

श्रद्धांजलि उन्हें जो चल बसे, छोड़ अकेले अपनों को;
आओ हम मिलकर पूरे करें 'नन्ही सिमरन' जैसों के सपनों को!
आशा, विश्वास व प्रेम भरा, हमेशा हमारा रहे व्यवहार;
और न हो कभी देश में बमों का, ऐसा विनाशशील कारोबार!

प्रार्थना है कि बंद हो अब, विस्फोटों का सिलसिला;
कि हिंसा व नफरत से कब, किसको है क्या मिला?
सतर्क सदा प्रशासन रहे अब, रुके धमाकों का व्यापार
और अमन-चैन बेशक रहे तब, हमारे देश में बरकरार।

15 सितंबर, 2008

□

दहशत दिल्ली में

बस दोष इतना था संतोष का; कि उन्हें समझ बैठा वो अच्छा।
अपनी मासूमियत में, मारा गया; बेगुनाह वो बच्चा।
और फिर गई एक मासूम की जाँ, छोड़ बिलखते परिवार को।
जब हुआ एक और विस्फोट यहाँ पिछले शनिवार को!

दिल्ली के साथ दहला गया यहाँ; महरौली के बाजार को।
जब हुआ एक और विस्फोट यहाँ पिछले शनिवार को।

हुए कितने घायल, व गईं जानें कितनी, कहाँ; इसका तो हिसाब है।
पर किसने व क्यों की तबाही इतनी यहाँ, इसका क्या जवाब है?
है पुलिस प्रशासन की सावधानी कहाँ? कौन जगाए अब सरकार को?
जब हुआ एक और विस्फोट यहाँ, पिछले शनिवार को!

सुना था हिंदू, मुसलिम, सिख, ईसाई, सब हैं भाई-भाई;
पर अब देख रहा हूँ देश में दंगे व लूटपाट, लड़ाई!
मजहब नहीं सिखाता, आपस में बैर रखना;
पर क्या है अब टूट रहा, आजादी का हर सपना!
और हिला रहा कोई हमारे, भाईचारे की दीवार को।
कि हुआ एक और विस्फोट यहाँ, पिछले शनिवार को!

दिल्ली तो जान है, पूरे हिंदुस्तान की;
और इस शहर से पहचान है, सारे जहान की।
जब दहलती है दिल्ली, बहुत दुखता है तब दिल;
अब जिंदगी हो प्यार भरी, रहें आपस में सब मिल।
और रोके जल्द सरकार आतंकवादी व्यापार को।
जब हुआ एक और विस्फोट यहाँ, पिछले शनिवार को!

29 सितंबर, 2008

□

दहशत देश में!

हाई कोर्ट में विस्फोट के बाद, दिल्ली में जलजला आया है;
जैसे जालिमों के कहर के बाद, जमीन को कुदरत ने भी हिलाया है!
और जब एक ने सुलाया बहुतों को, हमेशा की नींद;
तब दूसरे ने बहुतों को, नींद से जगाया है।

सोचता हूँ, कभी तो खत्म होगा, मेरे देश में आतंकवाद;
शांति, समृद्धि, सद्भावना से होगा, अपना देश बहुत आबाद।

और होगा विस्फोट हमारे सब्र का कभी, इनकलाब के भेष में।
गफलियत की नींद खुलेगी तभी, रहनुमाओं की देश में।

श्रद्धांजलि उन्हें जो चल बसे, छोड़ अकेले अपनों को;
आओ हम मिलकर पूरा करें, उनके अधूरे सपनों को!

रहे आशा, विश्वास और प्रेम से भरा, हमेशा हमारा व्यवहार;
और खत्म हो देश में आतंकवाद का, विनाशकारी कारोबार।

9 सितंबर, 2011

□

जब दिल्ली हिली

भूकंप का एक झटका, दिल्ली में फिर आया है,
जिसने हम सबको ऑफिस से, बाहर भगाया है।
पर करते हैं तहेदिल से, हम शुक्रिया खुदा का,
कि उसने एक बड़े हादसे से, हम सबको बचाया है।

दोपहर एक बजे के बाद, जब लंच का अवकाश हुआ,
खाते-खाते, बातें करते, भूकंप का अहसास हुआ।
कम समय के लिए ही पर, दिल सबका घबराया है,
जब भूकंप का एक झटका, दिल्ली में फिर आया है।

बीत गई सो बात गई, अब कल की बात सोचेंगे हम,
आपदा की हर स्थिति में, खूब सावधानी बरतेंगे हम।
बहुतों को जैसे अचानक, बेखबर नींद से जगाया है,
जब भूकंप का एक झटका, दिल्ली में फिर आया है।
पर करते हैं तहेदिल से, हम शुक्रिया खुदा का,
जिसने एक बड़े हादसे से, हम सबको बचाया है।

5 मार्च, 2012

□

बस में बलात्कार

फिर दिल्ली में, एक महिला के साथ
दर्दीला दुर्व्यवहार हुआ है;
जब चलती बस में, एक युवती का
सामूहिक बलात्कार हुआ है।

हैवानियत बेहद बढ़ गई,
या इनसानियत खो गई, लगता है;
बढ़ती दुनिया में अपराधों की,
सुनीयत सो गई, लगता है।
क्यों कुछ लोगों का इतना
घिनौना कारोबार हुआ है?
कि एक महिला के साथ
फिर दुराचार हुआ है।

पुलिस की गफलियत कहें इसे,
कि प्रशासन को दें दोष;
आखिर हम और रहनुमा देश के,
क्यों रहते हैं खामोश?
जब प्रदर्शन शर्मनाक हरकतों का,
सरेबाजार हुआ है।
और कुकर्मों का खुलेआम व्यापार हुआ है।

पर आशा है अच्छाई जागेगी,
और हर महिला होगी सुरक्षित व सशक्त;
और बलात्कारियों को बहुत शीघ्र ही सजा मिलेगी सख्त!
अब विरुद्ध इस घटना के, पूरे देश में हुंकार हुआ है,
और हरेक पक्ष से इसका प्रतिकार हुआ है।

प्रार्थना है कि 'निर्भया' की आत्मा को,
मिले स्वर्ग में संपूर्ण शांति!
और ऐसे कुकर्मों का खात्मा हो,
बढ़े महिला सशक्तीकरण की क्रांति!
कि करने को पूर्ण समर्थन नारी का,
सामुदायिक विचार हुआ है;
जब फिर दिल्ली में,
एक महिला के साथ दुर्व्यवहार हुआ है।

16 दिसंबर, 2012

□

विनाशी विस्फोट

अब U.P. में हुआ विस्फोट है,
फिर इनसानियत पर गहरी चोट है।
हैवानियत है चरम सीमा पर, या फिर प्रशासन में खोट है;
कि हुआ U.P. में विस्फोट है।

स्थिति की लाचारी में, राहत का प्रयास जारी है,
कमजोरी सरकारी में, सहमी जनता बेचारी है।
किसी का निशाना काला कोट, तो निशाना किसी का वोट है;
इसलिए शायद हुआ, U.P. में विस्फोट है।

मजबूत तो करते नहीं, मौलिक आधार को;
बस दे रहे हैं गालियाँ, गिरती हुई दीवार को।
भूल समाज की भलाई आज, समेटता हर कोई नोट है;
दुःख है बेहद मुझे, कि हुआ U.P. में विस्फोट है।

मारे गए निर्दोष हैं, यह किसका है दोष?
जन साधारण में आक्रोश है, पर क्या प्रशासन को है होश?
देख दर्द, यह दयनीय दशा, मन में मेरे कचोट है।
देश का दुर्भाग्य है यह, कि U.P. में हुआ विस्फोट है।

25 नवंबर, 2007

□

आजादी की प्यास, भविष्य की आस

अंतरराष्ट्रीय महिला दिवस

अंतरराष्ट्रीय महिला दिवस पर, है अभिलाषा हमारी;
कि जीवन के हर क्षेत्र में, आगे बढ़े हर नारी!

आगे बढ़े हर नारी, महिला वर्ग का हो सम्मान;
कहें गर्व से हम ताकि, मेरा भारत महान्!

मेरा भारत महान्, जहाँ महिलाएँ हों सशक्त;
अहसास उनके अधिकारों का हम, यहाँ दिलाएँ चारों वक्त।

दिलाएँ चारों वक्त, रोजगार भी लाखों में;
रहे सदा आशा की चमक, हर नारी की आँखों में।

हर नारी की आँखों में, सुखद स्वप्न हों कल के;
सुलझाए वो हर मसले, स्वस्थ, शिक्षा, जंगल, जमीन व जल के।

जंगल, जमीन व जल के मुद्दे पर, महिला रहे अटल;
शक्ति, समृद्धि व संतोष से भर, नारी जीवन रहे सफल।

जीवन रहे सफल महिला का, न हो उन पर अत्याचार;
आओ उनके शोषण का, करें मिलकर प्रतिकार।

करें मिलकर प्रतिकार, ताकि उनके सारे कष्ट हों दूर;
प्रतिष्ठा दे सारा संसार, महिलाओं को भरपूर।

महिलाओं को भरपूर मिले, सहयोग, समर्थन, शक्ति;
नारी सशक्तीकरण के प्रति जगे, हर भारतीय में भक्ति।

हर भारतीय में भक्ति, और अवश्य है नर की भी भागीदारी;
साथ चलने की, साथ बढ़ने की, करें पूरी जिम्मेदारी।

करें पूरी जिम्मेदारी, विश्व में भी हम;
और महिला उत्थान के प्रति, उठाएँ ठोस कदम।

उठाएँ ठोस कदम और पास हो, महिला आरक्षण बिल;
नीति निर्धारण में, ताकि हों महिला ज्यादा शामिल।

नई दिल्ली
8 मार्च, 2012

□

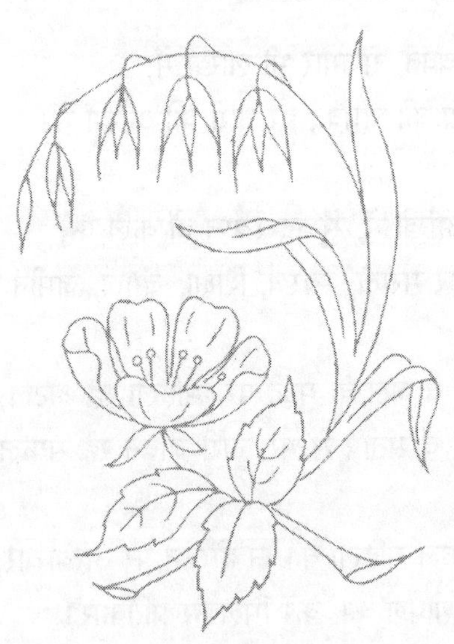

जश्ने-आजादी का सफर

जश्ने आजादी के बाद ही; जान निकली शरीर की।
जब कैदे जिस्म से रिहा हुई; रूह देश के एक वीर की।

इस 15 अगस्त के बीतते ही; जीवन का सफर पूरा किया।
रहे हर जंग जीतते ही; न कोई काम अधूरा किया।

ताकत खुद की जबरदस्त रही; पड़ी नहीं जरूरत तकदीर की।
जब कैदे जिस्म से रिहा हुई; रूह देश के एक वीर की।

मिसाल रहे वो देश-विदेश में; दिल जीत लिया सबका यहाँ-वहाँ।
हर हाल और परिवेश में; सजाया हमारे सपनों का जहाँ।

लड़ी जंग सदा उसूलों की; मिटाई दूरी गरीबो-अमीर की।
जब कैदे जिस्म से रिहा हुई; रूह देश के एक वीर की।

16 अगस्त, 2018

□

मेरी भावभीनी श्रद्धांजलि
स्वर्गीय श्री अटल बिहारी वाजपेयीजी को

कर्मयोगी, कर्मठ, खेवनहार; प्रिय हमारे अटलजी रहें।
कवि हृदय कोमल कर्णधार; सबके प्यारे अटलजी रहें।

काश रोक सकते उन्हें हम; कुछ समय के लिए ही सही।
आँखें हो गईं हैं नम; कई बातें रह गईं अनकही।

गरिमा, गंभीरता, गुणवत्ता का सार; सबसे प्यारे अटलजी रहें।
कर्मयोगी, कर्मठ खेवनहार; प्रिय हमारे अटलजी रहें।

प्रार्थना है—
अटलजी एक आशा रहें; सदा सर्वदा के लिए।
हस्ताक्षर एवं परिभाषा रहें; हर युग व पीढ़ी के युवा के लिए।

भविष्य के सुख-समृद्धि का आधार; सबसे न्यारे अटलजी रहें।
कर्मयोगी, कर्मठ, खेवनहार; प्रिय हमारे अटलजी रहें।

16 अगस्त, 2018

□

स्वच्छ भारत-स्वस्थ भारत

स्वच्छ, सुंदर व स्वस्थ रखें; हम अपने परिवेश को।
संपन्न, समृद्ध व सशक्त बनाएँ; हम भारत अपने देश को।

आदर्शों पर चलकर महात्मा के; करें उनके सपनों को साकार।
आह्वान सुनकर अपनी आत्मा के; बनाके स्वच्छता को आधार।
सबल बनें, सफल रहें; हटाएँ मन से अपने द्वेष को।
स्वच्छ, सुंदर व स्वस्थ रखें; हम अपने परिवेश को।

कश्मीर से कन्याकुमारी; और मुंबई से मणिपुर तक।
करें प्रयास हम बारंबारी; हर दिशा में दूर तक।
बच्चों व बुजुर्गों तक में; बाँटें इस संदेश को;
स्वच्छ, सुंदर व स्वस्थ रखें; हम अपने परिवेश को।

स्वच्छता से होंगे जीवन सफल; हर व्यक्ति व परिवार के।
होंगे स्वस्थ जमीन, जंगल व जल; संपूर्ण इस संसार के।
और प्रगति पथ पर प्रोत्साहन मिले; शांति व समन्वय के समावेश को।
यदि स्वच्छ, सुंदर व स्वस्थ रखें; हम अपने परिवेश को।
और संपन्न, समृद्ध व सशक्त बनाएँ; हम भारत अपने देश को।

14 सितंबर, 2018

□

तलाश

दो हजार उन्नीस में मुझे, सन् सैंतालीस की तलाश है;
उसी जुनून, उसी जोश और उसी टीस की तलाश है।

मिले थे साथ दिलाने सब,
आजादी अपने देश को।
बढ़ाए थे हाथ फैलाने तब,
एकता के संदेश को।
उसी उमंग, उसी उत्साह,
उसी तपिश की तलाश है।
दो हजार उन्नीस में मुझे,
सन् सैंतालीस की तलाश है।

उठा था हर नौजवान,
वतन पर जान मिटाने को।
हटाने गुलामी का निशान,
सर अपना कटाने को।
उसी जवानी, उसी कुर्बानी,
उसी वारिस की तलाश है।
दो हजार उन्नीस में मुझे,
सन् सैंतालीस की तलाश है।

क्या हिंदू, क्या मुसलिम,
क्या सिख, क्या ईसाई।
आजादी के दीवाने थे सब,
और सब थे भाई-भाई।
उसी संबंध, उसी समन्वय,
उसी कशिश की तलाश है।
दो हजार उन्नीस में मुझे,
सन् सैंतालीस की तलाश है।

आवाम था समझदार,
रहनुमा ईमानदार थे।
काम की खातिर जिम्मेदार,
उनके सलाहकार थे।
उसी ईमानदारी, उसी जिम्मेदारी,
और उसी रहनुमाइश की तलाश है।
दो हजार उन्नीस में,
मुझे सन् सैंतालीस की तलाश है।

15 अगस्त, 2019

□

सहमा है हर शख्स

हर शहर का हर शख्स; अब कुछ सहमा-सा रहता है।
मानो खिलौना है मिट्टी का; जो फना होने से डरता है।

परे देश व जहाँ में; फैल चुकी है दहशत।
डर है समाया हर इनसान में; हर जगह, हर वक्त।
अपना मुँह छुपाए घूमता; और हाथ मिलाने से भी डरता है।
हर शहर का हर शख्स; अब कुछ सहमा-सा रहता है।

घर में रहना मजबूरी है; पर करनी बहुतों को मजदूरी है।
रखना सामाजिक दूरी है; और अनुशासन भी जरूरी है।
यहाँ करता है कोई, और कोई भरता है।
हर शहर का हर शख्स; अब कुछ सहमा-सा रहता है।

आशा है कि यह बीमारी; अब जल्द ही होगी दूर।
और स्वस्थ रहेगी दुनिया सारी; क्या मालिक, क्या मजदूर।
बस करें यही प्रार्थना ईश्वर से; जो सबके दुःख हरता है।
कि हर शहर का हर शख्स; अब कुछ सहमा-सा रहता है।

10 मई, 2021

□

एक गरीब मजदूर के तन-मन की व्यथा

तन से तो टूटते ही थे हम; अब मन भी हमारा टूट गया।
दो वक्त की हमें मिली न रोटी; और गाँव भी हमारा छूट गया।

अपनी रोजी-रोटी के वास्ते तब;
घर से गए बहुत दूर हम।
और कोरोना के कहर से अब;
बेहद हुए मजबूर हम।
पर दोष क्यों दें बीमारी को हम;
जब दुर्भाग्य ही हमें लूट गया।
तन से तो टूटते ही थे हम;
अब मन भी हमारा टूट गया।

जब अमीर हवाई सफर हैं करते;
तब हम गरीब पैदल ही जा रहे।
हम भूखे-प्यासे, जीते-मरते;
सजा किस जुर्म की पा रहे?
कहलाते 'प्रवासी' अपने ही देश में;
सचमुच भाग्य हमारा फूट गया।
तन से तो टूटते ही थे हम;
अब मन भी हमारा टूट गया।

लेकिन, अपने ही गाँव में;
अब कौन हमें अपनाएगा ?
रखेगा खुशियों की छाँव में;
और रोजगार हमें दिलाएगा ?
रखते भरोसा प्रशासन पर हम;
जब हर कोई अपना रूठ गया।
तन से तो टूटते ही थे हम;
अब मन भी हमारा टूट गया।

उम्मीद पर दुनिया कायम है;
इसी उम्मीद पर हरदम जिएँगे हम।
रख संपूर्ण विश्वास ईश्वर पर अपने;
जिंदगी की हर जंग जीतेंगे हम।
अब टूटे तन को हम सहलाएँगे;
और टूटे मन को बहलाएँगे हम।
करेंगे मेहनत जी तोड़ फिर से;
और जीवन में खुशियाँ फिर लाएँगे हम।

28 मई, 2020

□

धमाकों का व्यापार

फिर हुए हैं हमारे देश में,
धमाके सिलसिलेवार;
और घूम रही सर उठाए,
हैवानियत सरे बाजार!

हुए धमाके कल बेंगलुरु में, और अहमदाबाद में आज;
क्या छा रहा पूरे देश में, आतंकवाद का राज?
मचा है दिलों में लोगों के, भयंकर हाहाकार;
फिर हुए हैं हमारे देश में, धमाके सिलसिलेवार।

कमजोर सुरक्षा प्रबंध है, या आतंकवादी हैं सशक्त;
कि बावजूद उनकी चेतावनी के, सर्तकता नहीं है सख्त।
सहमे सारे लोग हैं, और लगता प्रशासन है लाचार;
कि फिर हुए हैं हमारे देश में, धमाके सिलसिलेवार।

ऐसे में गई हैं जानें, कितने भोले-भालों की; सपने टूटे,
मिटी उम्मीदें, न जाने कितने घरवालों की।
और बहा खून निर्दोषों का है, इन शहरों में बारंबार;
फिर हुए हैं हमारे देश में, धमाके सिलसिलेवार।

हुआ 'क्या', 'कैसे', 'कब', 'कहाँ' ये सबको है पता;
पर हुआ 'क्यों', यह सब यहाँ, कोई हमको दे बता।
वर्षों से जहाँ खुशहाली का हमें, रहा है इंतजार;
हुए हैं वहाँ अफसोस फिर से, धमाके सिलसिलेवार।

भूल झगड़े धर्म-जात के, मिटे गंदी राजनीति के रंग;
छोड़ मतभेद बात-बात पे, चलें प्रगति-पथ पे संग।
तब होगी जीत इनसानियत की, और हैवानियत की हार;
और जगेगी आशा देश में, सुख-शांति की लगातार।

भूख, गरीबी, बेकारी, बीमारी दूर भगाना है;
कम कर महँगाई जन-जीवन में, नूर लाना है।
और संपूर्ण विकास के मुद्दों पे, जब ध्यान दे सरकार;
तब जाकर होगा देश के हर क्षेत्र में, सुधार सिलसिलेवार।
और न होगा कभी देश में हमारे, धमाकों का व्यापार।

श्रद्धांजलि उन्हें जो चल बसे, छोड़ अकेले अपनों को।
मिलकर सब पूरा करें; आओ उनके सपनों को।
हों अच्छे करम हमारे सदा एवं प्रेम भरा व्यवहार;
कोशिश करें हो जन-जन का, खुशियों भरा संसार।
और करें प्रार्थना कि बंद हो देश में अब धमाकों का व्यापार॥

जुलाई 2008

□

विविध स्मृतियाँ

एक बेटी की अभिलाषा

माँ तुम जन्म देना मुझे,
इस दुनिया में प्यार से;
चाहे पड़े लोहा लेना तुम्हें,
समाज के संकुचित विचार से॥

सचमुच तुम्हारी भी चाह है माँ; लाने की मुझे प्रकाश में।
यह निश्चय सही राह है माँ; एक नई दिशा की आस में।
इसलिए तुम इस जग में मुझे, चुनना पूरे अधिकार से।
माँ तुम जन्म देना मुझे, इस दुनिया में प्यार से॥

देना जीवन मुझे समानता का; और न्याय भी दिलाना पूर्ण।
दे परिचय ममता व महानता का; करना मेरी इच्छाएँ परिपूर्ण।
सम्मानित मेरा अस्तित्व रहे; सब पुकारें मुझे दुलार से।
माँ तुम जन्म देना मुझे, इस दुनिया में प्यार से॥

शिक्षित करना, सशक्त बनाना; देना आत्मनिर्भरता का ज्ञान।
विवेकशील मेरा व्यक्तित्व बनाना; कि कभी न हो मेरा अपमान।
हर्षित मेरा तन-मन रहे; सबके प्रेममय व्यवहार से।
माँ तुम जन्म देना मुझे, इस दुनिया में प्यार से॥

माँ मुझे तुम बोझ कभी; न देना जल्द ब्याह मंडप में भेज।
जब लालची आँखें खोज रहीं; बदले में बेशकीमती दहेज।
कहीं ऐसे में मेरे बाबा न दिखें; लज्जित व लाचार-से।
माँ तुम जन्म देना मुझे, इस दुनिया में प्यार से॥

दिलाऊँ तुम्हें मैं मान व सम्मान; यही अभिलाषा हमारी है।
और तुम्हें भी मुझपर हो अभिमान; मेरी प्रार्थना व संपूर्ण आशा है।
बस हँसते-हँसाते व खिलखिलाते; हम गुजरें इस संसार से।
माँ तुम जन्म देना मुझे, इस दुनिया में प्यार से।
चाहे पड़े लोहा लेना तुम्हें, समाज के संकुचित विचार से॥

□

गाँव की छाँव से शहर के कहर तक एक बेटी की वेदना!

मैं खुश बहुत थी माँ वहाँ; तेरी ममता व प्यार में।
पर अब घुट रही माँ यहाँ; जुल्मों के अंधकार में।

जो उन्होंने दिखाए सपने; वो जल्द ही टूट गए।
दूर यहाँ से गाँव में अपने; मेरे प्यारे साथी छूट गए।
अब किसी तरह सह रही माँ यहाँ; हर रोज का अत्याचार मैं।
मैं खुश बहुत थी माँ वहाँ; तेरी ममता व प्यार में।

हम गरीब जरूर हैं माँ मगर; बड़ी गरिमा हमारी है।
लेकिन दरिंदों के बीच यहाँ; मेरा निरंतर कुचलना जारी है।
बस बहन को न आने देना यहाँ; रखना सुरक्षित अपने वहाँ दुलार में।
मैं खुश बहुत थी माँ वहाँ; तेरी ममता व प्यार में।

नई दिल्ली

□

मन की बात

कैसे हो सबका सुखमय जीवन;
विवाह के पहले और पश्चात्।
आओ करें हम मिलकर चिंतन;
बाँटें अपने मन की बात॥

एक समय था जब हम सब;
बिल्कुल भोले-भाले बच्चे थे।
निर्मल स्वभाव था और हम तब;
सचमुच सरल व सच्चे थे।
अब पढ़ गए और बढ़ गए हम;
तो बदल गए हालात।
तब सोचें कैसे हो सबका सुखमय जीवन;
विवाह के पहले और पश्चात्॥

कल तक हम चलते जिनकी; उँगलियों के सहारे थे।
क्या आज चलाते उन्हें ही; अपनी उँगलियों के इशारे पे।
या अब भी करते उनपर अर्पण; प्यार व दुलार दिन-रात।
और सोचते कैसे हो सबका सुखमय जीवन;
विवाह के पहले और पश्चात्॥

अगर पति–पत्नी साथ रहें;
करें पूरी भाँति पिता की आस।
दु:ख–दर्द भी साथ सहें;
रख ईश्वर पर विश्वास।
तो सचमुच होगा
सबका सुखमय जीवन;
विवाह के पहले और पश्चात्॥

और बढ़ेंगे सबके तन, मन, धन;
ईश्वरीय आशीष के साथ।
आओ इसलिए करें मिलकर चिंतन;
बाँटें अपने मन की बात॥

□

सुनहरी शाम झारखंडी तीरंदाजों के नाम

हर दिल की मुश्किल कर दें आसान;
हैं ये अपने झारखंडी तीरंदाज यहाँ॥

करें ऊँचा, जहाँ जाएँ ये भारत का नाम;
और हमेशा ही पाएँ, प्रशंसा व इनाम।
इनको जाने सारा ये जहाँ; इनको माने सारा ये जहाँ।
हैं ये प्यारे झारखंडी तीरंदाज यहाँ॥

यही प्रार्थना है हमारी, ये जीतें हरदम;
आशीष जीवन का, इनपर रहे कायम।
हर रीत से हो इनकी पहचान; हर जीत से हो इनकी पहचान।
ये दुलारे झारखंडी तीरंदाज यहाँ॥

आशा है, इन्हें देगी, प्रोत्साहन सरकार;
सुविधाएँ हर तरह की, हर साधन बेशुमार।
अरमान हों पूरे, इनके यहाँ। सम्मान मिले इन्हें, सबके यहाँ।
हैं ये न्यारे झारखंडी तीरंदाज यहाँ॥

हर दिल की मुश्किल कर दें आसान;
हैं ये अपने झारखंडी तीरंदाज यहाँ॥

मार्च, 2014

□

स्वर्गीय डॉ. हरिवंशराय बच्चनजी से प्रेरित

बच्चनजी की आत्मकथा; मानो मेरी ही कहानी है।
मैंने अपने मन की व्यथा; उनके शब्दों में पहचानी है।

'क्या भूलूँ क्या याद करूँ';
सबकुछ अपना लगता है।
बीता हुआ हर एक पल;
अधूरा सपना लगता है।
सुनहरी घड़ियाँ, मेरे जीवन में;
बाकी अभी भी आनी हैं।
बच्चनजी की आत्मकथा;
मानो मेरी ही कहानी है॥

बीत गई सो बात गई;
बीती बातों पर रोना क्या?
खो खुशियों की सौगात गई;
अब रह गया है खोना क्या?
'बसेरे से दूर' आ गए हैं हम;
बस इसी बात की परेशानी है।
बच्चनजी की आत्मकथा;
मानो मेरी ही कहानी है॥

खोया मैं भी था एक बार;
किसी विदेशी के प्यार में।
पर प्रेम नैया न हो पाई पार।
रह गई फँसी मझधार में।
पर हुआ 'नीड़ का निर्माण फिर';
और अब जीने में आसानी है।
बच्चनजी की आत्मकथा;
मानो मेरी ही कहानी है॥

विरह मिलन के इस प्रांगण में;
जब उस 'हंस का पश्चिम प्रवास' हुआ।
हर्षोल्लास के आँगन में;
तब पतझड़ भी मधुमास हुआ।
जो भी हुआ वो अच्छा हुआ;
सब खुदा की मेहरबानी है।
बच्चनजी की आत्मकथा;
मानो मेरी ही कहानी है।

तत्पश्चात् हुआ मैं अति प्रसन्न;
छाया मंदिर में हर कहीं उजाला।
और हुआ प्रेरित मेरा कवि मन;
पढ़कर बच्चनजी की 'मधुशाला'।
कोशिश रहेगी करने की कविता;
अब मैंने मन में ठानी है।
बच्चनजी की आत्मकथा;
मानो मेरी ही कहानी है।
मैंने अपने मन की व्यथा; उनके शब्दों में पहचानी है॥

□

अंतरराष्ट्रीय योग दिवस पर

योग से है रहता सदा स्वस्थ तन व मन;
और है सदैव रहता चेतनामय चितवन।

साधना से सिद्धि मिले; शरीर भी हो सबल॥
नवचेतना व बुद्धि मिले; मानव जीवन हो सफल।
हर स्थिति में है रखता, मनुष्य को यह प्रसन्न;
योग से है रहता सदा

स्वस्थ तन व मन।
आज पुनः संकल्प शक्तिशाली हो;
कि योग को हम अपनाएँगे।
सजग, सक्षम और प्रभावशाली हो;
हर रोग को दूर भगाएँगे।
अब रहेगा हर व्यक्ति यहाँ
समृद्ध, स्वस्थ व संपन्न;
कि योग से है रहता सदा स्वस्थ तन व मन।

21 जून, 2021

□

समन्वय : नारी और नर में

नारी और नर में, समन्वय की आशा; साथ चलने की, बढ़ने की आशा;
मन में ले सबकी, प्रगति की आशा; अब न रहे कोई भी निराशा;
तरक्की की दोनों लिखेंगे 'नई परिभाषा'

करेंगे तैयारी, पहले चरण में; आएँ हम मानवता की शरण में!
होगी जीत अपनी, जीवन के रण में; नर और नारी के, सशक्तीकरण में;
दिलाएँगे हम अब सबको, हरदम दिलासा!

शक्ति भरी हर, महिला हो आगे; कष्ट तन-मन के, दूर इनसे भागें!
आज जब हैं हम सब, नींद से जागे; तोड़ डालें आओ अब, विषमता के धागे;
बोलें हम साथ मिलकर, प्रेम की भाषा!

निर्णय नारी का, सराहेंगे सारे; देगी अब नारी, औरों को सहारे!
नर भी करेंगे लेकिन, ऊँचे अपने नारे; आसमाँ के हैं दोनों, चाँद-सितारे;
दूर करेंगे मिलकर, विश्व की निराशा!

□

झारखंड की बात

है नम्रता जहाँ की रीत सदा; मैं उस संसार में रहता हूँ।
झारखंड का रहनेवाला हूँ; सबको 'जोहार' मैं कहता हूँ।

Civil Services, PSU; और Business में भी आगे हैं।
शिक्षा और स्वास्थ्य के हेतु; हम झारखंडी भी जागे हैं।
हर दिशा में आगे बढ़ते रहें; इस सोच की धार में बहता हूँ।
झारखंड का रहनेवाला हूँ...सबको 'जोहार' मैं कहता हूँ।

हर खेल-कूद में माहिर हैं; और देश को शान दिलाते हैं।
अच्छाई अपनी जाहिर है; सबको सम्मान दिलाते हैं।
झारखंडी हर खुशहाल रहे; बस इसी विचार में रहता हूँ।
झारखंड का रहनेवाला हूँ...सबको 'जोहार' मैं कहता हूँ।

जल, जंगल, जमीन, पर्वत पर; अपना ही अधिकार रहे।
हर दिल में ख्वाब व हसरत भर; सभी खुशियों का अंबार रहे।
हम साथ रहें, हम साथ बढ़ें; ख्वाहिश हर बार मैं करता हूँ।
झारखंड का रहनेवाला हूँ...सबको 'जोहार' मैं कहता हूँ।

□

हमारा संकल्प-हॉकी के लिए

आशा से, विश्वास से, ध्यान से खेलें हॉकी।
भारत का सम्मान बढ़ाएँ, शान से खेलें हॉकी!

एक समय जब देश हमारा, हॉकी में था आगे।
अब फिर देखेगा जग सारा, अपनी हिम्मत जागे।
जाने को हम 'ओलंपिक्स' में, जी-जान से खेलें हॉकी।
भारत का सम्मान बढ़ाएँ, शान से खेलें हॉकी।

पूरी तैयारी ही से हम, 'ओलंपिक्स' में जाएँ।
अपनी सारी शक्ति से हम, देश को विजय दिलाएँ।
लक्ष्य अपना है स्वर्ण पदक, ईमान से खेलें हॉकी।
भारत का सम्मान बढ़ाएँ शान से खेलें हॉकी।

ईश्वर और स्वयं पर रखकर, आस्था और आशा।
पूरी करेंगे सबको परखकर, देश की यह अभिलाषा।
एक नया इतिहास रचाएँ, अभिमान से खेलें हॉकी,
भारत का सम्मान बढ़ाएँ, शान से खेलें हॉकी।

□

हो सुरक्षित वापसी एटलांटिस की

आशा है कि बादल छँटेंगे; 'फ्लोरिडा' में आज की रात।
और 'एटलांटिस' में सुरक्षित उतरेंगे; सातों अंतरिक्ष यात्री साथ-साथ।

हो सुरक्षित वापसी सुनीता विलियम्स की; बना के नया विश्व कीर्तिमान।
सबकी चहेती व बच्चों की दीदी; ने बढ़ाया भारत का भी सम्मान।

प्रार्थना है कि सुरक्षित उतरे; धरती पर 'एटलांटिस' अंतरिक्ष यान।
और संपूर्णतः सफल रहे; 'नासा' का यह अभियान।

सोचो मिलना अपनों से उनका; होगा कितना सुखद व भावनापूर्ण।
छह महीनों का अंतरिक्ष सफर रहा जिनका;
आशंकाओं से परिपूर्ण।

इसीलिए प्रार्थना करें कि; सकुशल पृथ्वी पर उतरे;
'एटलांटिस' आज की रात। और सभी यात्री उसके सुरक्षित रहें;
सुनीता विलियम्स के साथ।

22 जून, 2007

□

बधाई झारखंड दिवस पर

शुभकामनाएँ आपको झारखंड दिवस पर;
व सुचारु प्रशासन की बधाई!
नौ वर्षों के प्रगति पथ पर चलकर;
फिर यह शुभ घड़ी आई!

जल, जंगल, जमीन, कृषि, खनिज व मानव धन;
सबसे है झारखंड भरा हुआ! पर हर व्यक्ति का आज यहाँ मन;
क्यूँ है मायूस व डरा हुआ?

आशा है शीघ्र समाप्त होगा अब;
झारखंड में आतंक का प्रहार!
आर्थिक व सामाजिक विकास होगा तब;
राज्य में संपूर्ण व सिलसिलेवार।

संकल्प करें कि—
सुखी, समृद्धि, शक्तिशाली व संपन्न;
अब झारखंड को बनाना है!
एक आदर्श झारखंड राज्य का स्वप्न;
हमें चरितार्थ कर दिखाना है।

15 नवंबर, 2009

□

प्रशंसनीय प्रतिस्पर्धा टोक्यो ओलंपिक में

एक अध्याय ही खत्म हुआ; पूरी किताब अभी बाकी है।
जल्द ही कई पदकों का; मिलना खिताब अभी बाकी है।

शुरू से अब तक का सफर; सचमुच है ऐतिहासिक रहा।
दौड़ रही जीत की लहर; हर खिलाड़ी में, साहसिक वहाँ।
पूरे करने अपने देश के कई; ख्वाब अभी बाकी हैं।
बस, एक अध्याय ही खत्म हुआ; पूरी किताब अभी बाकी है।

जीत में या हार में भी हमारा; रोमांचक प्रदर्शन रहा सर्वदा।
कर रहा प्रार्थना देश है सारा; जब सब करते फर्ज अपना अदा।
मिलनी हर कदम पे कामयाबी; लाजवाब अभी बाकी है।
बस, एक अध्याय ही तो खत्म हुआ; पूरी किताब अभी बाकी है।

05 अगस्त, 2021

□

मेरी आखिरी चाह

जब मुझे मेरी कब्र की गहराई में उतारा जाएगा; तब चाहूँगा मैं,
कि मेरी पत्नी व मेरे बच्चों को, कोई कष्ट न हो।

जब मेरी कब्र को मिट्टी से भर दिया जाएगा; तब चाहूँगा मैं,
कि मेरे भाई व मेरी बहन को, कोई दुःख न हो।
जब मेरी बंद कब्र में अंधकार छा जाएगा; तब चाहूँगा मैं,
कि मेरे किसी दोस्त को, कोई दर्द न हो।

जब मेरी कब्र में मुझे मिट्टी का ताप दबाएगा; तब चाहूँगा मैं,
कि मेरे किसी रिश्तेदार को, कोई तकलीफ न हो।
जब मेरी कब्र को बारिश का पानी भिगोएगा; तब चाहूँगा मैं,
कि मेरे किसी पड़ोसी को, कोई पीड़ा न हो।

और जब मेरी कब्र में, मेरा आखिरी अकेलापन सताएगा; तब चाहूँगा मैं,
कि एक पुनर्जन्म मिल जाए मुझे, रूठे हुओं को मनाने के लिए;
रोते हुओं को हँसाने के लिए; कर्ज कई चुकाने के लिए;
फर्ज कई निभाने के लिए; भूल कई सुधारने के लिए;
और रिश्ते कई सँवारने के लिए।
कि खुद मुझे, कभी किसी बात का, कोई गिला न हो।
और जिंदगी में कभी, गमों का कोई सिलसिला न हो।

□

मन की व्यथा

मेरे प्यारे व दुलारे, तुम हमसे रूठे क्यों?
जीवन से क्यों हारे, इतने सपने टूटे क्यों?

जीवन अब कैसे बिताएँ तुम्हारे बिना;
सपने सब कैसे सजाएँ तुम्हारे बिना।
छोड़ कर ये जहाँ तुम गए हो वहाँ;
हम दुखी हैं यहाँ अब तुम्हारे बिना;

प्यार जताते थे तुम हर बात में;
खुशियाँ लुटाते थे तुम दिनो-रात में।
दिया सबको इतना प्यार कि तुम्हारा परिवार;
करेगा इसका इजहार अब तुम्हारे बिना।

सबका एहसास हो तुम हरदम यहीं;
ईश्वर के पास हो तुम हमें है यकीं।
हैं जो सपने अधूरे हम करेंगे अब पूरे;
प्रार्थना के सहारे अब तुम्हारे बिना।

इसलिए...

जीवन बिताएँगे हम तेरी याद में;
सपने सजाएँगे हम तेरी याद में।
है ईश्वर पर ही भरोसा और उसकी दिलासा;
दे नए जीवन की आशा अब तेरी याद में।

खुशियाँ मनाएँगे हम परिवार में;
सबको हँसाएँगे हम तेरे प्यार में।
तुम्हारे जाने के बाद करते हैं सब तुम्हें याद;
आशीषों से आबाद हैं सब तेरे प्यार में।
जीवन बिताएँगे हम तेरी याद में;
सपने सजाएँगे हम तेरी याद में।

□□□